O FIM DA ERA CHEFE

Copyright© 2018 by Literare Books International.
Todos os direitos desta edição são reservados à Literare Books International.

Presidente:
Mauricio Sita

Capa
David Guimarães

Diagramação:
Lucas Chagas

Revisão:
Camila Oliveira

Diretora de Projetos:
Gleide Santos

Diretora de Operações:
Alessandra Ksenhuck

Diretora Executiva:
Julyana Rosa

Relacionamento com o cliente:
Claudia Pires

Impressão:
Epecê

Dados Internacionais de Catalogação na Publicação (CIP)
(eDOC BRASIL, Belo Horizonte/MG)

M543f   Menezes, Edilson.
           O fim da era chefe / Edilson Menezes, Massaru Ogata, Mauricio Sita. – São Paulo (SP): Literare Books International, 2018.
           152 p. ; 14 x 21 cm

           ISBN 978-85-9455-107-8

           1. Planejamento empresarial. 2. Recursos humanos. 3. Sucesso nos negócios. I. Ogata, Massaru. II. Sita, Mauricio. III. Título.
           CDD 658.4

Elaborado por Maurício Amormino Júnior – CRB6/2422

Literare Books International Ltda
Rua Antônio Augusto Covello, 472 – Vila Mariana – São Paulo, SP.
CEP 01550-060
Fone/fax: (0**11) 2659-0968
site: www.literarebooks.com.br
e-mail: contato@literarebooks.com.br

O FIM DA ERA CHEFE

Sumário

Apresentação — 7
Prof. Massaru Ogata

1. Eu vim aqui para te servir! — 11
Alexandre Paixão

2. O acolhimento como ferramenta de liderança — 21
Carine Silva

3. Desperte os talentos e lidere a própria vida — 31
Carmem Lima

4. Você é um diamante. Lapide-se! — 41
Clayton Augusto

5. O acompanhamento e a servidão — 51
Dayllon Zoletti

6. As chaves que abrem o portal da eficácia — 61
Donato Pereira Netto

7. Se você não escreve bem, acredite: a culpa é do chefe — 71
Edilson Menezes

8. O bloco triplo da liderança — 81
Edinho Barbosa

9
Líder busca o melhor. Chefe desiste quando "está bom assim" — 91
Edward Cláudio Júnior

10
A tríade da liderança transformadora: servir, empoderar e realizar — 101
Iolanda Cabral

11
A liderança na Era Pós-Digital — 111
Israella Ramalho

12
Aos líderes, o melhor está por vir — 121
Kely Pereira

13
Delegar ou de largar — 131
Sueli Campos

14
Liderar-se: o maior de todos os desafios — 141
Tadeu Belfort

Apresentação

A liderança e a nobreza de servir

Os estudos sobre os estilos de liderança que marcaram época remontam ao conceito clássico de liderança autocrática e liderança democrática. O conceito do estilo autocrático tinha como poder a posição do líder ou do chefe e era centrado nele mesmo, enquanto que o estilo democrático era centrado nos subordinados e seu poder era pessoal. Ocorre que utilizar um ou outro estilo, de forma a definir um padrão de comportamento do líder, não leva a suprir as demandas de necessidades dos colaboradores, visto que cada um é um, diferentes em sua essência humana.

Modernamente se define que liderar é uma habilidade que o líder utiliza para influenciar e/ou modificar o comportamento do outro. O que pode determinar se o comportamento do líder levou ao sucesso ou ao insucesso é o grau de efetividade que gerou mudanças no desempenho do colaborador, mediante os resultados obtidos.

Nesse sentido, até o padrão autocrático pode levar ao sucesso do estilo empregado. Por exemplo, uma ameaça ao "status quo" do subordinado pode alavancar um desempenho acima da média. Então, outra questão deve ser colocada: utilizar esse expediente como "modus operandi" frequente vai garantir sucesso perene no desempenho do colaborador, com resultados satisfatórios?

A resposta é um sonoro "NÃO"!

O que tem de ser levado em consideração é se o estilo de liderança empregado está trazendo, além dos resultados positivos, uma atitude mental positiva; se o sentimento do colaborador é de motivação e confiança para buscar, cada vez mais, melhores resultados.

Assim, vamos perceber que quanto mais as necessidades de treinamento, desenvolvimento e motivação são atendidas, maior será o comprometimento com a empresa no atingimento da missão de cada colaborador.

Podemos definir que o líder deve prover ao seu colaborador o que ele não se provê. Logo, "nada é tão desigual quanto tratar de forma igual colaboradores diferentes". A resumir de uma forma bem simples: se o colaborador não sabe o que fazer, como e com quem cumprir determinada tarefa, o líder eficaz deve prover direcionamento para o padrão de desempenho requerido. E não só o direcionamento da tarefa, mas observar e supervisionar o desempenho da execução, pois se houver algum tipo de desvio, imediatamente poderá ser redirecionado ao bom desempenho.

Quando o colaborador se encontra desmotivado, por qualquer motivo, o que ele precisa não é "direcionamento de tarefas", mas alguém que o escute, que elogie sucessos passados e o motive a fazer o que ele sabe fazer.

Com esses comportamentos de direcionar e dar apoio aos colaboradores, dependendo da situação de cada um e do tipo da tarefa a ser desempenhada, usando de toda a sua flexibilidade de comando e calibragem de observação, podemos, então, definir que LIDERAR É SERVIR, de modo que os autores desta obra fazem exatamente isso: oferecem a você os detalhes que resumem a nobreza de servir.

Prof. Massaru Ogata.

Autor do livro *É isso! – 21 revelações dos fundamentos para tornar a vida mais valorosa na saúde física, familiar, social, emocional, profissional e financeira*, Ogata foi executivo durante 17 anos na empresa Johnson & Johnson e dedicou 12 deles ao treinamento de vendedores e desenvolvimento de recursos humanos. Pedagogo com especialização em psicologia do comportamento e *trainer* em neurolinguística aplicada. É pesquisador do campo de análise transacional e um dos mais experientes treinadores brasileiros em dinâmicas de alto impacto. Treinador formado pela Nihon Kenko Zoshin Kenkyukay, Japão, tem presença garantida nos maiores eventos que ocorrem em circuito nacional corporativo.

É mentor do programa de alto impacto IFT – Instituto de Formação de Treinadores, que forma treinadores, *coaches* e líderes de variados setores.

massaruogata@uol.com.br

1

Eu vim aqui para te servir!

Com *insights* claros e episódios da vida real, eis os temas fundamentais ao desenvolvimento das competências empreendedoras. Vamos discutir a responsabilização individual, a liderança, o sucesso pessoal e profissional; tudo de forma leve e fluída, porém profunda. O texto é para você, que tem coragem e deseja resultados expressivos a partir de escolhas e ações que o "eu no comando" é capaz de gerar...

Alexandre Paixão

Alexandre Paixão

Pai do Enrico. Advogado, pós-graduado em Processo Civil, Trabalhista e Previdenciário. Palestrante e Treinador Comportamental formado pelo IFT, *Coach* Emocional formado pelo Instituto Menthes, do Dr. Augusto Cury. Professional & *Self Coach* formado pelo IBC e Escola de Heróis, Analista Comportamental pelo IBC. Professor universitário formado pelo programa Empretec, da ONU; e ex-presidente do BNI, possui ampla experiência em Motivação, Comunicação e Liderança. Sócio-fundador da empresa Eu no COMANDO – Maximização de Resultados Humanos. Idealizou e ministra, em companhia de sua sócia, Adriana Araújo: Treinamentos comportamentais livres e *in company* a centenas de pessoas, nos Estados do Rio de Janeiro, São Paulo, Rio Grande do Sul e Mato Grosso; O programa Eu no COMANDO – capacitação por meio de um planejamento que realiza metas para construir sonhos; Treinamento "O Despertar", via Faculdade LEGALE, que tem evoluído a advocacia brasileira, por meio de vivências de alto impacto e *coaching*.

Contatos
www.eunocomando.com
contato@eunocomando.com
(21) 96464-8443

Primeiramente, afirmo que estou muito feliz por me encontrar com você, por meio das ideias. Peço licença para caminhar contigo no mágico presente, tempo em que tudo acontece. Espero, sinceramente, que ao menos alguma parte deste texto faça sentido ao seu interesse pelo "Fim da Era Chefe". Vamos juntos, pois, em minha vida, a "Era Chefe" nunca começou.

Neste tempo em que passaremos juntos, vou focar em *insights* e algumas vivências, além de despertar reflexões leves e fluídas, porém, profundas. Antes de prosseguir, devo advertir que se você procura fórmulas mágicas, atalhos ou receitas prontas para o sucesso imediato e permanente, aqui não é lugar para você. Nesse caso, pare agora e procure outra leitura!

Ótimo; já que resolveu continuar, me responda, por favor:

Você busca ou tem coragem suficiente de olhar para si, ainda que isso, às vezes, possa ser muito doloroso?

Tem vontade de se responsabilizar pelos próprios resultados, sem terceirizar fracassos ou apontar culpados para justificar tudo aquilo que ainda não conseguiu?

Quer encontrar respostas que ajudarão a manter a motivação para realizar metas e construir sonhos?

Deseja viver e adquirir aprendizados por meio da dedicação, do comprometimento e das próprias decisões?

Se você respondeu "sim" para ao menos uma das perguntas, tenha certeza de que está no lugar certo.

E me diga mais uma coisinha:

Quem sempre esteve com você em todos, eu disse todos os momentos bons e ruins de sua vida?

Já refletiu que "eu" seria uma resposta cabível para os dois casos?

Se tudo de bom ou ruim que acontece em sua vida tem a ver com você e com as escolhas feitas ou ignoradas, faz sentido afirmar que é extremamente gratificante e produtivo manter o seu "eu no comando"? É obvio que sim...

Contudo, antes de manter o seu "eu" no comando, tome consciência de que é dotado de um "eu". Já havia percebido? Todos nós, seres humanos, temos a capacidade de observar o que acontece conosco e ao redor, sob a ótica e graças ao "eu", o observador que nos distingue, por exemplo, de um cachorro, um gato, um pássaro, pois esses não possuem habilidade de análise e elaboração dos fatos e circunstâncias.

O seu "eu" não se restringe aos meros comportamentos, por meio dos quais interage com o mundo e pelos quais os outros o classificam. Esse "eu" também se difere da personalidade criada por meio das experiências, alegrias, frustrações, perdas e ganhos enfrentados durante o decorrer da vida. Para acessar o seu "eu", sugiro que pense em sua mais pura essência, na infância, naquilo em que mais acredita sobre si e seus valores, sobre aquilo que te faz sorrir, sobre o que ama, que te deixa "flutuando" e, até mesmo, que só você sabe em relação a si, pois todos nós temos algo que preferimos guardar, esconder no universo particular.

Tomar consciência do nosso "eu" verdadeiro, despido de padrões e *scripts* sociais impostos ou aprendidos é um processo que exige, além de coragem, muita força, humildade, aceitação e amor próprio. Posso dizer, por experiência, que é fundamental para assumir o papel principal no teatro da existência.

Prepare-se, pois crescer vai doer, embora menos do que o sofrimento de viver com apego a um falso ideal, a um mero personagem criado para atender expectativas alheias. Mantenha a calma e aconteça o que acontecer, continue respirando e lembre-se que você não é o que lhe acontece, pois nem as circunstancias, nem os outros podem defini-lo. Este poder é só seu!

De início, afirmei que a "Era Chefe" nem começou em minha vida. Sabe por quê? Tenho a vida inteira voltada para o empreendedorismo. Apesar de ter trabalhado também como empregado, o tempo em que permaneci nos empregos jamais seria suficiente para compor um "era".

Atuo como empresário do ramo de desenvolvimento humano, *coach* em processos individuais e em grupos, palestro, treino e capacito pessoas, grupos e empresas, por todos os cantos do país, para que realizem metas e construam sonhos, por meio de ferramentas comportamentais e estratégias que maximizam o potencial humano, gerando resultados claros, objetivos e com altos índices de satisfação. Além disso, mantenho a posição de advogado e sócio proprietário da Paixão Advocacia, escritório fundado por mim, em 2006. Acumulo, ainda, as funções de professor universitário e escritor. Sempre me perguntam "como acumular tantas funções". Vamos conversar sobre isso...

Sou filho da dona Ana e do Seu Antônio, também conhecido, assim como eu, simplesmente por Paixão. Meus pais vieram cedo para o Brasil, nação que acolheu o casal e deu a oportunidade de construir a sua vida. Como tantos outros imigrantes portugueses, viram no comércio o seu propósito e o seu meio de vida.

É fácil deduzir que nasci e fui criado dentro do comércio, em vários ramos. Por exemplo: açougue, casa de massas, doceria, padaria. Desde cedo, aprendi a trabalhar, a dar valor às conquistas e a servir. Aprendia tudo o que olhasse, ou seja, enquanto estava acordado, aprendia. É uma crença fortalecedora que carrego, implantada pelo Paixão-pai, que dizia: "para aprender, basta prestar atenção".

Levei isso a sério. Aprendi a desossar carne, preparar massas, montar pizzas, fazer entregas, assar frangos e carnes. Nos negócios de meus pais, fazia de tudo. Cheguei, ainda, a me aventurar como vendedor, em uma loja no *shopping* e arrumei tempo para me profissionalizar como jogador de futebol. Como era só "mais um" nos campos, a carreira de futebolista não resistiu à advocacia.

Hoje em dia, não tenho dificuldade para falar sobre as minhas qualidades e pontos de melhoria. Devo isso à caminhada por esse processo tão importante, que dura a vida inteira, chamado autoconhecimento. Dele também veio a certeza em relação à Faculdade de Direito e à carreira de advogado; a vontade de servir e ajudar pessoas, bem como, mais tarde, a vocação para falar em público, ensinar, treinar, inspirar pessoas e empresas por meio da própria vida, da minha transformação e da nossa empresa de desenvolvimento humano. Digo nossa, pois conto com a genialidade de minha sócia e companheira de vida, Adriana Araújo.

Para ajudar a custear a mensalidade e me formar em Direito, trabalhei do meio do quarto ano até o fim do curso (ou seja, por um ano e meio) na função de padeiro, este foi o meu estágio. Mesmo assim, passei no Exame de Ordem, cuja prova teve apenas 8% de "índice de aprovação total final". A vida realmente não é uma bebida achocolatada em uma embalagem quadradinha e gelada, que você fura com um canudinho e bebe pela manhã.

Imediatamente empregado como advogado, queria vencer. Usei a mentalidade de aprendiz, dotei-me da vontade de dar certo e da responsabilidade de fazer a minha parte (essa última é a milha extra, a chave, a maçaneta da porta que só abre pelo lado de dentro).

Apesar de me dedicar e procurar entregar o meu melhor, ouvi certa vez de um chefe que:

— Advogado recém-formado, sozinho no mercado, morreria de fome!

E o que restava, após ouvir isso? Outra vez, a escolha. Entre ser vítima das circunstâncias ou autor da própria história, o que você escolheria? Eu escolhi a responsabilidade por mim. Fiquei "p" da vida, até xinguei, mas durou cinco ou dez minutos. Não somos o que nos acontece, e sim o que resolvemos fazer disso. Resolvi que me dedicaria ainda mais, pois de onde eu venho, dar certo é a única opção e, quando isso acontece, o sucesso é certo.

Aqui para nós, você já viu ou ouviu falar de alguém que tenha ocupado o "papel de vítima" e recebeu o Prêmio Nobel, escreveu um *best-seller* ou foi premiado por grandes serviços à humanidade? Eu também não. Estou determinado a ocupar o meu lugar e acredito que cada pessoa viva neste planeta tenha um lugar, um propósito, como se cada um de nós fosse a engrenagem de uma máquina perfeita como um relógio suíço, ou seja, o seu lugar existe no mundo, basta que se dedique em ocupá-lo e só por fazer isso, você já ajuda a "máquina a funcionar".

Trabalhava há pouco mais de um ano nesse escritório. O que eu recebia por mês só pagava a mensalidade da pós-graduação. Na ocasião, recebi e rejeitei a proposta para trabalhar em uma instituição financeira e só o vale-alimentação já superava o meu salário. O motivo da recusa: o maior ativo desse escritório era o conhecimento. Ali, aprendi praticamente tudo o que sei de advocacia trabalhista.

Já havia sido chamado de louco por rejeitar a oportunidade do banco. O que você acha que aconteceu quando pedi demissão do escritório onde trabalhava?

Essa foi apenas mais uma, dentre tantas vezes que ainda viriam, em que resolveria chamar a responsabilidade para mim e fazer o que o coração mandava, mesmo sendo criticado, abandonado ou chamado de louco.

Quando resolvi advogar, diziam que não daria. Adiante, ao diversificar, ter mais uma empresa e me dedicar ao *coaching*, uma profissão nova, mesmo tendo conquistado uma carreira sólida, cheguei a ouvir coisas como:

— Hoje todo mundo é *coach*!
— Isso é modinha, você vai se arrepender!

Nem liguei para o que falavam. Hoje, treino e ajudo pessoas e empresas por todo o Brasil. Ou seja, cedo ou tarde, a história prova quem está certo.

Pode ter certeza: quando você escolhe fazer diferente, mudar, crescer, invariavelmente, é doloroso. Apesar de privilegiar o seu verdadeiro "eu", mantendo-o no comando, várias pessoas virarão as costas, te deixarão sozinho(a), julgarão e até malharão você às escondidas, em reuniões vazias, onde vão lançar rótulos contra você, tentando diminui-lo, apenas e tão somente para justificar a mediocridade que carregam, suas próprias mazelas. Não desista, nem se abale. Ao "sair do outro lado" e se tornar o que você sempre quis (até aquele momento) estará cercado de novos amigos, parceiros, elos, porque a vida é cíclica e maravilhosa. Basta que se tenha coragem para fluir.

Ninguém pode tirar as coisas boas que você faz por si, pelo que e por quem ama. Igualmente, ninguém será capaz de fazer por você. Então, faça!

Um dia, resolvi, definitivamente, me despedir do *hobby* tão amado por nós, seres humanos, lindos, complexos e perfeitamente imperfeitos: culpar.

Culpar o outro, o país, a economia, as circunstâncias, as oportunidades ou a falta delas. Quando você se responsabiliza por tudo que tem ou não tem em sua vida, é como se um milagre acontecesse. Você é teletransportado, imediatamente, da plateia ao palco; do banco de passageiro ao de piloto da própria existência, com o volante em mãos e a pista completamente livre.

Não sei se, alguma vez em sua vida, você pensou na morte. Talvez até tenha medo dela, o que é completamente normal. Aliás, aproveite para responder:

Qual é o seu maior medo?
A mim, essa pergunta ocupa lugar de destaque ao lado de outras: Quem sou eu?
Onde e para quem eu sou, realmente, insubstituível?

Com quem e onde eu escolheria passar mais um minuto se soubesse que tudo vai acabar nesse lapso temporal?

Osho dizia que todos os medos do ser humano derivam do medo da morte. Eu, várias vezes, já pensei na morte. Percebi que, ao fazê-lo, conseguimos refletir sobre a vida. Sim, pensar na vida que tem vivido, na que gostaria de viver ou, até mesmo, na vida que tem deixado de viver.

Acredito que o medo da morte possa ser, na maioria das vezes, o medo de chegar ao fim da vida sem ter vivido. Complicado?

Pense comigo: ao manter o seu verdadeiro "eu no comando", não terá tempo para temer a morte, pois estará ocupado, vivendo com intensidade, utilidade e propósito, sabendo que em algum momento "a luz se apagará", "as cortinas se fecharão". Logo, é fundamental que nos esbaldemos no momento presente.

Se você ainda não for, por exemplo, o próprio chefe, dono do seu nariz, ou se tem adiado uma decisão importante há dias, meses ou anos, por medo de errar ou fracassar, faça um favor para si: risque do seu dicionário a palavra "erro" e a substitua por "aprendizado". Se topar esse desafio, vai ganhar infinitas possibilidades de experimentar, arriscar e viver. Erro não existe. O que existe é resultado e expectativa. Se você não obteve o resultado que esperava, aprenda e altere a rota para chegar lá, na próxima tentativa.

O exercício consciente e diário vai motivá-lo a agir e aprender cada vez mais, comemorando suas conquistas. Ter um "eu no comando" significa não ter saudades de si. Aliás, saudade é uma palavra derivada do latim, sinônimo de solidão. Não há tradução, além do português.

Desejo que a esperança de viver uma vida intensa, útil, com propósito, facilidade, alegria e glória seja motivação suficiente para que você jamais se sinta sozinho(a), eis que sempre estará de mãos dadas com o seu melhor "eu".

No fim das contas, manter um "eu no comando" é servir a um propósito, seja ele qual for. É servir ao próprio senso de utilidade, atender aos seus anseios, sonhos e vontades mais íntimas. É servir a humanidade, com a coragem de ocupar o seu lugar no mundo e dar sempre o melhor de si.

Lembre-se de exercer o poder da escolha, assumir a responsabilidade e manter seu "eu no comando", pois quem você foi, quem você é, e quem você será começa agora. Conte sempre comigo. Afinal, eu vim aqui para te servir!

2

O acolhimento como ferramenta de liderança

Há dois anos, enfrento a Paralisia de Bell, até que recebi o diagnóstico definitivo: um rompimento do nervo da face não teria como ser reconstruído. Dei início ao processo de autoliderança, com uma perspectiva mais profunda e sistêmica, embasada nos conceitos acatar, acolher, aceitar a enfermidade como parte de mim. O meu artigo aborda essa escolha da liderança: paralisar ou evoluir? Desafie-se...

Carine Silva

Carine Silva

Master Coach com certificação internacional, pelo IBC. *Practitioner* em Programação Neurolinguística - The Society of NLP. Formada em Psicologia Positiva, uma linguagem que propicia o processo evolutivo acelerado, possui ainda formação em hipnose clássica e ericksoniana, ferramentas transformadoras pelo respeito à individualidade. É graduada em Gestão de Finanças com especialização MBA em Gerenciamento de Projetos e MBA em Finanças Empresariais. Há mais de uma década desenvolve trabalhos empresariais sobre educação corporativa e consultoria em gestão de pessoas, com foco na condução de negociações, desenvolvimento de competências, motivação, liderança e relacionamentos. É *Trainer* Comportamental com certificação pelo IFT. Atua com palestras, treinamentos e *coaching* nas áreas executiva, carreira, equipe e vida de executivos, profissionais liberais, jovens e adolescentes que buscam atingir objetivos específicos.

Contatos
atendimento@carinecoach.com.br
(65) 99274-7474

Acordei numa quinta-feira, 23 de agosto de 2016, com a língua dormente. No dia seguinte, minha boca estava afetada e o olho direito, ardente. Acabara de adentrar na rara estatística brasileira de pessoas acometidas pela Paralisia de Bell, enfermidade que provoca fraqueza nos músculos da face, exigindo incontáveis e exaustivos tratamentos. Nunca lamentei.

Poucos dias depois, estava gravando vídeos motivacionais. Desde então, tenho colhido valiosas lições e compartilhado estratégias para que o meu público mantenha a vida em movimento. Afinal, posso dizer que conheço o termo "paralisar" em seu mais abrangente significado, da percepção física à emocional, e sei muito bem – não porque alguém me contou e sim pela dor da prática – como reagir quando algo tenta paralisar a vida, a carreira e os sonhos.

Dois anos se passaram e, com a maturidade, descobri algo importantíssimo: acatar, acolher e aceitar aquilo que não pode ser mudado faz parte do exercício de "se liderar". Sim, pois antes de liderar grupos, precisamos entender como nos liderar.

O rompimento do nervo da face não tem como ser reconstruído, a não ser que o corpo encontre algum caminho que a ciência ainda desconhece. Embora esse diagnóstico tivesse sido apresentado seis meses após a paralisia, a informação definitiva, como se pode imaginar, mexeu com a minha estrutura. Mas, além da questão emocional de manter-se líder dos pensamentos, das emoções e do corpo, preciso lidar com as dores, quase sempre diárias. Como se fosse uma confirmação diária, a paralisia está aqui, parte indissociável de mim, praticamente dizendo:

— Estou aqui e faço parte!

Se antes eu me posicionava de maneira contrária aos fatos, agora eu respondo:

— O.K., eu te aceito, você faz parte de minha evolução, de meu crescimento e do autoconhecimento!

Durante os dois primeiros anos de luta contra a doença, nunca parei de oferecer o melhor de mim aos clientes, às empresas que confiam em mim para levar uma mensagem de força aos seus líderes. E tenho insistido que, a exemplo do que acontece comigo, as pessoas podem ser mais felizes quando aceitam aquilo que é inerente à essência: as dores, os pais, os *gaps*, as crenças, a nossa história como um todo.

Lutar contra o que pode ser mudado é valoroso. Mas algumas questões devem ser internalizadas e aceitas, para que, além delas, a pessoa consiga se liderar e, em seguida, liderar a sua equipe.

A paralisia tem o poder de reduzir o movimento do semblante, como aconteceu comigo, mas nenhuma circunstância tem o poder de frear a vida e as escolhas. Aprendi a aceitar, me blindar e, agora, quero ter a chance de partilhar com você, leitor(a), que precisa lidar com os chefes paralisados, a minha armadura emocional.

A analogia do que aconteceu comigo fisicamente se encaixa ao que acontece nas empresas, de forma subjetiva. Afinal, pessoas que paralisam, sem encontrar uma saída, precisam de *coaches*, psicólogos, psiquiatras e familiares que as ajudem. O mesmo acontece com profissionais e empresas. Sempre que sou convidada ao trabalho corporativo, seja para consultoria, palestra ou treinamento, identifico entre a liderança os profissionais que entraram na empresa como líderes e, com o tempo, se tornaram chefes paralisados. Ou seja, o que esperar daquele que, além de chefe, paralisou?

O mais recorrente é que esse profissional tenha rompido o limite da zona de conforto porta adentro e, lá, tenha se familiarizado com o estilo de chefiar: paralisado a um canto, mandando e cobrando muito, motivando e conquistando pouco.

Ainda pior é negar a história da empresa e das pessoas que a compõem. Vamos conferir algumas frases comuns, por exemplo:

— Se o meu chefe mudasse, eu até poderia ser alguém nessa empresa!

— Se a empresa fosse como era há dez anos, eu seria feliz aqui!

São frases típicas de quem vive uma história em conjunto, mas a enxerga somente conforme os seus olhos e sentimentos. A empresa é uma "pessoa" jurídica, que carrega consigo uma história sistêmica e talvez, repleta de emaranhados. Precisamos ser felizes, como líderes e liderados, apesar daquilo que eventualmente não aprovamos.

O problema se mostra mais sistêmico do que circunstancial. Ao perceber que o chefe paralisou e tem atuado de maneira tóxica em relação ao time, o empresário o demite e, temporariamente, resolve o problema dele, enquanto o chefe que saiu de lá entra na empresa vizinha e se torna problema dela. Noves fora, em momentos de instabilidade econômica, essas demissões e contratações de chefes paralisados formam um sistema maior e incalculável, composto por empresas que vão empurrando com a barriga, mantendo esses chefes sem treinamento e prejudicando todo o mercado.

Seguindo a mesma analogia, eu não posso demitir a doença que me acometeu e a solução empresarial também não depende apenas de "demitir o problema". Cabe ao empresário investir no treinamento de suas competências e cabe ao chefe investir na evolução da própria carreira. O imbróglio maior se dá quando nem a empresa, de maneira corporativa, e tampouco o chefe, por decisão pessoal, investem, o que nos permite investigar e refletir sobre as consequências.

Se o chefe não tem gerado resultados, está paralisado e sem treino algum, ele atua como um explosivo prestes a ser detonado, de modo que os estilhaços atingirão clientes, equipe interna, faturamento e imagem da empresa. De início, um chefe paralisado é apenas "caro" para a operação. Porém, não é preciso muito tato para conferir que, após dias, semanas, meses e anos, ele passa a ser letal.

Desesperado com os problemas que vão do fluxo de caixa ao clima organizacional, do *turnover* ao enfrentamento da concorrência, convenhamos que não sobra tempo para que o empresariado se preocupe diariamente com os chefes paralisados. Ele os vê, sabe que assim estão agindo, tem noção das consequências e não consegue dar conta de motivar, instigar, convidar esse chefe a visitar uma nova realidade.

Precisamos entender que a empresa existia antes de a pessoa chegar e, por isso, é dever do colaborador vislumbrá-la como algo muito maior do que um catado de números e percentuais. O líder que tiver essa contemplação conseguirá atuar com excelência e zelar por seus liderados, enquanto o chefe, que cumpre tarefas, só conseguirá, no máximo, olhar para as próprias necessidades.

Eu atendo profissionais de vários nichos. Sentem-se paralisados, sabotados pela família, pelo chefe e por qualquer pessoa, desde que não seja ela a responsável por seus infortúnios. Assim que essa pessoa faz contato com "o todo", que aceita o fato de ter escolhido os resultados, tudo muda.

De volta à paralisia, vencida a primeira etapa, que incluiu a dificuldade de me alimentar e continuar trabalhando, toquei a vida com a máxima normalidade possível. Investi em acupuntura, oftalmologia, ozonioterapia, *laser*, fisioterapia. A primeira refeição depois da paralisia total, que levou 72 horas, foi desesperadora. Eu sequer conseguia manter na boca o alimento ou o líquido. Comecei a chorar e minutos depois, exerci a força do treinamento comportamental que pulsa dentro de mim, tomei posse dos meus recursos, voltei ao centro da existência e ordenei a mim:

— Está acontecendo isso. Você precisa enfrentar e aceitar, Carine. Não entre na pilha do estresse, pois vai ser pior!

Encarei, acolhi, lidei com o problema e o tornei público. Nas empresas, como especialista em liderança e trazendo no dorso as marcas desses dias de luta, às vezes escuto os chefes afirmarem que o colaborador está com problemas para oferecer a melhor *performance*. Boa parte desses chefes ainda não sabe que quase todos os problemas corporativos se resolvem com "educação para adultos", treinamento comportamental, *coaching* e muita disposição para ajudar os colaboradores a entregarem o melhor de si. E nesse sentido, o líder sabe muito bem agradecer o fato de que a sua equipe não tem "o único problema que os treinamentos são incapazes de resolver": a saúde.

Há muito chefe por aí que adoece colaborador. O cara entra saudável na empresa e começa a ser humilhado, desconsiderado, depreciado, desdenhado, desprezado e tantos outros "de". É claro que, pouco tempo depois, esse colaborador vai adoecer e, por efeito natural, ou sai o chefe ou os melhores vão saindo, um a um. Nessa disputa, o chefe quase sempre leva a melhor, se perpetuando e deixando o efeito de suas ações.

"O coração das pessoas é sempre maior do que imaginamos."

O fenômeno solidário que vivenciei também é procurado nas empresas, quando os colaboradores se sentem vítimas dos chefes que lhes adoecem. E sabe por que essa ajuda, essa solidariedade nem sempre é observada? Por causa do mi-mi-mi. Encontrei apoio das pessoas porque nunca fiquei com dó de mim.

Em analogia, isso responde à questão que levantei: os pares e os empresários ficam indispostos a se solidarizar com aquele que é afetado pelo chefe e, em vez de procurar um meio de dar o melhor de si, passa a se lamentar pelos cantos, a fofocar e gerar intriga, se nivelando ao comportamento do chefe. Inserindo uma analogia dentro de outra, é como a população costuma fazer em relação aos políticos que desaprova: critica a corrupção dos governantes, mas dá um jeitinho de furar a fila, não devolver o troco que lhe deram a mais e assim por diante.

O poder da vulnerabilidade me ajudou no processo de restabelecer a vida, a agenda, a profissão e os sonhos. Nunca fui do tipo que expõe a intimidade, os detalhes da vida pessoal. Porém, ao me deparar com tanta gente preocupada com a minha saúde e disposta a ajudar, mudei, passei a compartilhar as vitórias e as lutas. As opções se resumiam a aceitar, acolher, dividir tudo isso e contar com a torcida, as vibrações e orações ou guardar tudo para mim.

Sem qualquer nota de arrependimento, escolhi compartilhar e reside aqui outra poderosa comparação com o dia a dia das empresas quanto ao tema "mudar".

Pouco tempo depois do diagnóstico da paralisia, assumi eventos de alto impacto, treinamentos, mantive as atividades de constelações familiares e, em tudo isso, pude perceber que se antes as pessoas aprovavam o meu trabalho pela autoridade que desenvolvi após anos de prática como líder, agora continuavam a aprovar o *know-how*, porém enxergavam quem eu sou, por identidade física e espiritual, porque a paralisia de Bell aumentou a sensibilidade da audiência e permitiu que colocassem o coração à frente da razão.

Com amor, munida do poder da simplicidade, de início foi difícil para mim olhar nos olhos das pessoas. Foi aí que aprendi, com a vida, a olhar para a alma de cada ser, a contemplar a história de meus semelhantes, o que havia de mais belo por trás de atitudes infrutíferas. Esse é o poder da simplicidade. A maioria, inclusive eu antes da paralisia, passa a vida sem agradecer por coisas simples como piscar os olhos. Após o problema, descobri que ao piscar menos, o olho resseca e dói. Identifiquei a importância do músculo do nariz, que colabora para que a boca se movimente bem. Hoje, percebo todos esses detalhes e sou grata por tudo, até mesmo pela paralisia que faz parte de mim e tantas lições vem trazendo. Aos colaboradores e empresários, uma lição interessante se faz valer dessa experiência de olhar para tudo com gratidão:

Quando a empresa paralisa, pensar "e agora?, o que vou fazer?" é natural e bem melhor do que pensar "e agora?, tudo está perdido". Vi amigos empresários cujas empresas paralisaram e não sabiam como agir. Não é que faltasse experiência; isso eles tinham de sobra. O problema é que se faziam a pergunta errada:

— Como vou manter o padrão de vida da família?

Se a resposta que encontrei está nos detalhes, a resposta desses amigos que ajudei também estava. Antes de pensar em padrão de vida, se uma empresa paralisou vitimada pela concorrência, por más escolhas ou crises setoriais, o primeiro passo é olhar os detalhes, acolher e aceitar a história, os que vieram antes...

Como eu gosto muito de *fitness*, uma analogia da malhação pode ajudar: verificar "os músculos" mais simples da empresa, em vez de concentrar toda a atenção na musculatura mais forte das pernas e braços, é o primeiro caminho. Isso me permite fazer a última das analogias:

A ansiedade é péssima conselheira empresarial. Os chefes paralisados se especializaram em fazer o colaborador correr todos os dias atrás de uma ansiedade e uma urgência que só eles enxergam. A paciência é uma virtude presente em líderes, especialistas naturais em cumprir metas e objetivos com atenção, rigorosidade e eficiência.

É possível transformar chefes paralisados em líderes.

É possível transformar líderes paralisados em profissionais de grande movimentação.

É impossível manter o chefe que não acolhe e nem aceita o seu estado atual.

A aceitação me libertou, em todos os sentidos. Talvez, a sua empresa precise de ajuda nesses três casos. Vamos olhar, juntos, para a história dela, e descobrir o que falta aceitar, acolher e transformar?

3

Desperte os talentos e lidere a própria vida

Despertar os talentos e o autoconhecimento são assuntos tratados de duas maneiras: quem é chefe da própria vida decreta, como todo bom chefe, que é irrelevante; Quem lidera a própria vida e serve ao propósito de existir, bem sabe: são as ferramentas que reparam os *gaps* e as pontes que levam ao êxito. Com o fim da era chefe, a vida pode ser conduzida por quem exerce a melhor liderança: você.
Saiba como...

Carmem Lima

Carmem Lima

Especialista em comportamento feminino. Oferece apoio para as mulheres que desejam desenvolver a inteligência emocional, encontrar o equilíbrio e a harmonia de viver os papéis de mãe, esposa, filha, mulher de negócios e tantos outros. A sua experiência ultrapassa 20 anos como executiva de vendas e consultora do segmento tecnológico, em empresas nacionais e multinacionais, o que lhe confere, além de ampla experiência corporativa, congruência para lidar com a carreira das clientes. Sua metodologia, entregue sob os formatos de palestra, treinamento e *coaching*, se baseia em autoconhecimento, gestão do tempo e despertar dos talentos; três ações que amparam a principal dor da mulher moderna: lidar bem com os sentimentos de culpa e medo, em vez de ser refém da ansiedade ou da pressão. *Master Coach*, Treinadora e Analista Comportamental. Coautora do livro *Estratégias de alto impacto*, pela editora Literare Books, reside na Flórida e, de lá, atende a clientes de vários países.

Contato
carmemlima016@gmail.com

Vamos começar pelo entendimento da expressão. Talento é um dom, aquilo em que você é realmente muito bom. Na prática, o talento tem ainda o papel de criar a base sólida para despertar habilidades e competências. Quando o conhecemos, tudo o que realmente desejamos, queremos e, especialmente, merecemos, fica mais claro. Ou seja, o talento esclarece o nosso projeto (propósito) de vida. A grande massa ignora o seu arsenal de talentos e segue a vida à luz da rotina, enquanto uma estudiosa minoria, focada em autoconhecimento, valoriza o poder do talento para cumprir o seu propósito de existir. Se você está com o nosso livro em mãos, decerto faz parte desse segundo grupo e merece investigar o assunto com mais profundidade. Vamos lá...

Talento é aquela predisposição nata, presente em seu DNA. Porém não nasceu com você por acaso. Se está aí, energizando o seu conjunto de células, é para realizar uma determinada atividade ou transformar uma sociedade.

Uma das razões que comprometem a autoestima é o desconhecimento do propósito de vida e dos talentos natos que trazemos, ao nascer e, por alguma razão, nunca exercitamos. Várias pessoas desmotivadas e esgotadas buscam uma saída desse labirinto, e só conseguem quando se fazem, constantemente, a pergunta: quais são os meus verdadeiros talentos?

E você, poderia dizer que conhece os seus talentos, sabe o que tem feito e ainda deve fazer com eles? Todo talento é uma semente que não nasce desenvolvida, mas cresce em maior velocidade do que qualquer outra habilidade, desde que seja reconhecida e valorizada como realmente é.

Ter conhecimento do talento nato não significa garantia absoluta de sucesso, ao exercê-lo. A possibilidade é grande, mas que fique claro: é necessário ainda adquirir algumas competências para alcançar o verdadeiro sucesso e realizar os sonhos. A considerar os temas carreira, profissão, trabalho, emprego, ou seja, aquilo que se faz para obter recursos financeiros, quem nunca passou por aqueles momentos de insegurança e atrozes dúvidas, em que a pessoa diz:

— E agora, como vai ser, aonde irei e de que jeito vou superar isso?

Observe como alguns "sintomas" são comuns no setor corporativo, sobretudo quando pairam estas dúvidas:

1) Tem a sensação de que está na empresa certa, mas no lugar – leia-se função – errado, porque acredita verdadeiramente que pode entregar bem mais em conteúdo e qualidade. Percebe-se, então, estagnado e improdutivo;

2) Percebe que a empresa onde trabalha não possibilita mais crescimento profissional. Em contrapartida, a crise de mercado não permite arriscar, pedir demissão ou o medo de arriscar paralisa o profissional;

3) Sabe que pode entregar muito mais resultado, porém o líder não lhe reconhece ou incentiva. Parou de dar o melhor de si há anos, mas se mantém, acreditando que a empresa possa lhe oferecer muito mais e vice-versa;

4) Foi demitido e embora seja reconhecido como bom profissional, a área de atuação está com oportunidades fechadas ou bem restritas, em função das circunstâncias. Sente que tem perdido visibilidade, que está ficando desatualizado e o pior: as contas não param de chegar.

5) Carrega muitas ideias, a mente fervilha e, no fim das contas, tem a sensação de que colocou muita energia em algo, fez muitas coisas e não chegou ao resultado que desejava.

Dedico o meu artigo a você, que se percebe nesse diagnóstico e se identifica com um ou mais dos cinco sintomas apresentados. A ideia é que eu e você possamos construir juntos uma caminhada. O meu objetivo é possibilitar que você desperte, tome consciência dos melhores recursos e talentos, para alcançar a satisfação naquilo que você faz por missão e jornada de vida. Além disso, vou mostrar como mudar o padrão de comportamento em favor de resultados extraordinários para a vida.

Peço permissão para começar contando um pouco da minha trajetória profissional. Atuei por mais de 20 anos na área comercial de tecnologia da informação. Com a formação técnica, o carisma, as habilidades de comunicação e o espírito empreendedor, atingi bons resultados e reconhecimento. Atuei em pequenas empresas e ao lado de grandes *players*. Inclusive, tive a minha própria empresa e, por dez anos, representei um desses grandes *players*. Até que um dia esse ciclo de minha vida deu lugar para a transição de carreira. É uma longa e linda história profissional, mas não significa que vi flores o tempo todo.

Os erros, muitas vezes, foram efeitos colaterais do espírito empreendedor, do desejo de estar em uma onda crescente, o que me fazia arriscar muito. Outra parte desses erros se resume à ausência de alguns comportamentos e recursos pessoais necessários a cada ocasião. E acredite, cada erro gerou um novo aprendizado. Convivi com líderes que me apoiavam, percebiam o meu valor profissional e me incentivavam. E também tive chefes do tipo:

— Manda quem pode e obedece quem tem juízo!

— Esqueça tudo o que você estudou até hoje e faça do meu jeito, que vai ser melhor!

Você sabe do que estou falando, não é? Ao deixar o setor, satisfeita e realizada, acreditava que já tinha ido aonde desejava ir. Embora continuasse a fazer o necessário a ser realizado, cumprindo os compromissos e entregando os resultados, não carregava mais o brilho no olhar e, nesse momento, vivenciei alguns daqueles sintomas que mencionei. Já sabia o que eu não queria mais. Restava saber, então, o que eu queria. Não é o dilema de boa parte dos profissionais?

Eu sentia o desejo de compartilhar o aprendizado já obtido, no sentido de colaborar para que o meu semelhante atingisse semelhantes resultados, fosse verdadeiramente feliz com o que faz, realizasse os sonhos pessoais e profissionais, em vez de apenas trabalhar para ganhar dinheiro. Eu queria despertar as pessoas para o desejo de trabalhar pelo prazer e pela plenitude de trabalhar, cumprindo o seu propósito de vida.

Na função que eu exercia, algumas coisas já não faziam mais sentido para mim e comecei a fazer algumas reflexões sobre o propósito de vida que desejava realizar dali em diante, aonde eu queria ir, como reativar a motivação capaz de me tirar da cama, quase correndo, para realizar.

E me perguntava:

— Qual é a razão de fazer o que faço todos os dias?

De que vale todo o empenho, a estratégia, o planejamento, se eu não estou bem certa de aonde quero chegar com tudo isso e, principalmente, do por que de tudo isso?

Os questionamentos expandiram a minha mente e começaram a dar novos rumos para a vontade de realizar, até que chegou o momento. Busquei a ajuda de profissionais para desenhar esse novo projeto de vida profissional, ter clareza da caminhada, traçar um plano e entrar em ação.

Consegue perceber que em nome da congruência de viver aquilo que se defende como válido estou revelando o passo a passo das mudanças que fiz na própria vida e que você pode fazer? Afinal, vale pensar: quem é chefe de si aceita rotina, insatisfação, tédio e desmotivação. Contudo, o fim da era chefe chegou. A partir de agora, quem é líder de si só aceita ser feliz. E no exato instante da transição, eu estava, de fato, liderando minha vida e aceitando a felicidade.

"Chefiar a própria vida é burocratizar a chance de existir. Lidere-se e a sua vida vai fluir em benefício dos sonhos."

A escolha exigiu os seguintes investimentos: tempo (disponibilidade), financeiro, dedicação e disciplina. Foram muitos dias fora de casa, distante da família. Precisei fazer uma nova formação e várias especializações. E jamais parei, pois, para mim, conhecimento é algo sem fim. Administrava férias, banco de horas e fins de semana para as formações, que quase sempre têm formato de imersão. Até que chegou o dia da virada de chave e lá estava eu, assumindo a nova posição profissional: *coach* de carreira. Mudei-me para os EUA e passei a ajudar os brasileiros que aqui residem a encontrarem os melhores resultados. Com isso, está restaurado o brilho no olhar.

Gosto de dizer que hoje, realizada, contribuo com o desenvolvimento humano, no despertar de suas reais habilidades, talentos e competências, em prol de uma vida pessoal e profissional mais consciente, dotada de propósito, com atitudes pautadas por autoconhecimento, alta *performance* e responsabilidade sobre si.

Quem viveu uma transição dessa proporção pode dizer, com segurança, que existem alguns pontos importantes para se gerir uma carreira e, na verdade, para gerir a vida. O mais importante deles é o autoconhecimento, sem o qual não se consegue fazer as escolhas certas, não se identifica o talento máximo, as habilidades e competências, e não se consegue fazer escolhas coerentes com aquilo que faz sentido para a pessoa.

O autoconhecimento proporciona benefícios que mudam todo o curso de uma vida: a clareza dos pontos a melhorar; a consciência de hábitos e atitudes inadequados, que podem ser descartados; a certeza do próprio papel entre os grupos aos quais pertence; a compreensão do propósito de vida; a descoberta de quem você verdadeiramente é e daquilo que está fazendo na Terra.

Um dos aspectos mais importantes nas gestões pessoal e profissional, o autoconhecimento é a praticável arte de se conhecer melhor e controlar as emoções, o que nos permite manter a autoestima, minimizar as inquietudes, aperfeiçoar a maneira de lidar com frustrações e ansiedades. Ajuda ainda na realização das escolhas mais adequadas e significativas, no aumento da sensação de equilíbrio e bem-estar. Reforça as decisões mais produtivas e conscientes, em várias instâncias da vida.

Cientes de tudo isso, só o chefe da própria vida não se interessaria pelo tema. Quem lidera a existência percebe quão importante é se conhecer.

O processo é "para sempre". Ninguém pode dizer que " tem autoconhecimento". Continuamos aprendendo sobre nós ao longo de toda a vida e, mesmo assim, em frações. Eis a lição que vale muito esforço: as relações que a pessoa estabelece com o mundo não dependem de ter, e sim de ser um incansável estudante da arte de se conhecer.

O que nos impede de seguir? É uma sensação a se estudar no íntimo mais profundo, pois cada pessoa sente em diferentes graus de intensidade. O tema é interessante, importante e impactante. Há quem sinta, perceba, reconheça os seus talentos e o seu propósito de vida, mas abra mão disso tudo por várias questões, como crenças, cultura enraizada e, principalmente, medo. Isso mesmo, medo. O medo pode destruir nossa base psicológica e nos impedir de agir. Todos o vivenciamos em algum momento da vida: medo de rejeição, de fracassar, do sucesso (como lidar com a pressão e continuar com resultados de alto nível), do amor (ou de perder o amor), de ficar sozinho, e até medo do desconhecido. Na verdade, a maioria de nós sente uma combinação desses medos, ao longo da vida, pois o sentimento está impregnado em nosso DNA desde os tempos das cavernas, em que nossos ancestrais acordavam sem a certeza de que sobreviveriam mais um dia.

Longe de ser apenas um "sentimento vilão", o medo é uma das cinco emoções básicas do ser humano e se faz muito importante para a sobrevivência. É a nossa proteção contra o perigo iminente, e nos ensina a respeitar o limite. Entretanto, o medo que precisa ser eliminado ou superado é o que se torna patológico e paralisante. Posso revelar o grande segredo com um poderoso pensamento:

"Aprenda a usar o medo a seu favor, em vez de deixar o medo usá-lo."

Isso quer dizer que muita gente se torna refém do medo, talvez por anos, décadas ou, ainda pior, há quem siga uma existência inteira sem realizar sonhos, pois o medo nunca permitiu. A pergunta que abriu este trecho deve estar em sua mente e precisa ser repetida com frequência: o que me impede de seguir?

Lembre-se da solução oferecida no tema anterior: não seja chefe de si, pois o medo não obedece a chefe algum. Para exemplificar, busque em sua memória algum chefe chato que você teve e, com certeza, vai concluir que fazia de tudo para não cumprir as determinações dele. Seja líder de si e, aí sim, vai impor respeito e colocar o medo onde deve estar: a protegê-lo. Além dessa estratégia, apegue-se ao tema do talento, que já abordei e vou reforçar como solução.

"O talento, desde que seja identificado e praticado, tem o poder de sobrepujar o medo."

Por isso, antes de me despedir, vou deixar um caminho para que você identifique cada talento que pulsa em seu íntimo...

Como mapear os talentos

O ideal é ter em mente a necessidade de vasculhar, periodicamente, se todos os seus talentos estão em uso, despertados e prontos para ajudá-lo a vencer na carreira. Vamos ao passo a passo do que pode e deve ser feito:

1) Descreva as atividades que mais gosta e para as quais tem mais facilidade natural. Considere a sua vida desde o nascimento até hoje, e sua experiência em todas as áreas;

2) Descreva cinco ou mais conquistas que simbolizem as maiores de sua vida. Descubra e descreva quais talentos usou para chegar a esse resultado;

3) Faça uma lista das pessoas que mais admira, sejam familiares, amigos, colegas de estudo, de trabalho, pessoas da sociedade atual ou histórica;

4) Identifique os talentos que você admira nelas e, dentre esses, confira quais você possui, esteja usando ou não. Em geral, o que mais gostamos nas pessoas também temos em nós, em potencial ou já despertado;

5) Se possível, converse com essas pessoas, revele a sua admiração pelo talento delas, escute as suas experiências e peça conselhos sobre "como você poderia maximizar os talentos que vocês têm em comum".

E, por fim, monitore o seu processo de *coaching*, seja líder de seus passos, porque é assim que despertamos os talentos; liderando a própria vida. Eis as perguntas cujas respostas devem estar nas raízes do coração:

O que precisa ser feito, na prática, para investigar os seus talentos? Quem será o maior responsável pela conquista? Até quando você pretende atingir essa meta? Aonde serão realizadas as suas ações? Por que esses talentos são importantes para você? Por meio desses talentos, como conquistar o que deseja, dentro do tempo por você estabelecido? Quanto custará esse resultado? Quais os elementos impeditivos de sua melhor *performance*? Quais recursos serão necessários para alcançar o objetivo e identificar cada um de seus múltiplos talentos?

Quando tiver as respostas, faça aquilo que os chefes não costumavam fazer, e que todo líder servidor faz; dê-se um *feedback*, celebre, parabenize-se, seja grato(a) por ter lidado com o medo, trabalhado com o autoconhecimento e vencido. No meio do caminho, se as coisas ficarem difíceis, me chame. O meu contato está no início do artigo. Dos EUA até o lugar em que você está, a tecnologia é a ponte e o meu "coração-*coach*" está pronto para pulsar em busca dos seus sonhos!

4

Você é um diamante. Lapide-se!

Servir pessoas ou servir-se de pessoas? Um dia, muitos chefes fizeram a segunda escolha. A consequência natural foi um rastro de destruição e falência. O mercado se reinventou e surgiu a era líder. Seu perfil: antes de demitir, reveza e treina; leva em conta o desejo dos colaboradores; faz as perguntas certas; é congruente; motiva com exemplos, em vez de palavras. Vamos conhecê-lo em detalhes...

Clayton Augusto

Clayton Augusto

Graduado em Gestão Comercial, com MBA em Administração e Gestão do Conhecimento. Treinador Comportamental certificado pelo IFT, é *Practitioner* em PNL e possui certificação internacional como *Life & Self Coach*, além de Analista Comportamental DISC. Comemora 18 anos de experiência executivo-comercial em vários segmentos, com destaque para segurança eletrônica, setor onde conquistou os maiores números e *cases* da carreira. Hoje, como empresário em dois setores, dentre as suas várias atividades, dedica uma fração da agenda a treinar vendedores e líderes, para que tenham a chance de conquistar os números e posições que ele alcançou. À frente da empresa Conexão Eagle Desenvolvimento Humano, fortalece profissionais por meio de programas como *mentoring* e *coaching*. Ministra, ainda, palestras e treinamentos ao mercado corporativo, sob o formato *in company*, com os temas que o fizeram vencer na carreira: liderança, vendas e atendimento.

Contatos
www.conexaoeagle.com.br
clayton@conexaoeagle.com.br
(35) 99198-1265

A era digital do conhecimento jogou a última pá de terra nos chefes sargentões e tornou-se muito difícil, senão impossível, atingir objetivos desafiadores neste mercado altamente competitivo com o simples disparo de ordens. Para as empresas, restaram duas opções e um erro na escolha pode custar a própria sobrevivência.

A primeira opção é servir pessoas para que, positivamente influenciadas, possam servir a um propósito. A segunda, servir-se de pessoas para que, por decreto ou ordem, cumpram suas obrigações.

A primeira, além de correta, leva os colaboradores a darem tudo de si pela empresa, enquanto a segunda os faz trabalhar por salário. Elenquei dez argumentos fundamentados pela perspectiva de servir ao ser humano. Espero gerar reflexões, ceder alternativas e inspirar decisões que transformem sua empresa.

1) Revezamento, demissão ou treino?

Todo líder cria expectativas, mas é justo avaliar que ninguém nasce pronto. Antes de demitir sob a alegação de expectativas não atingidas, antes mesmo de promover o famoso rodízio entre funcionários, treinar e desenvolver pessoas que representam o grande diferencial das empresas é mais producente. Equipes treinadas, qualificadas e motivadas garantem um clima organizacional satisfatório, aumentam o retorno e colaboram para a visibilidade da empresa no mercado. O líder servidor é a figura dotada da plena capacidade de entender essa nova filosofia. Ele doa conhecimento, preocupação verdadeira com o semelhante e orientação. Em justa troca, recebe dos colaboradores todo esforço para encurtar o alcance dos objetivos.

2) O desejo dos colaboradores

Indiscutivelmente, para acontecer uma mudança sólida e duradoura, quem deve iniciar a cadeia de servidão é o principal gestor. Seu estado de espírito e ações diárias têm poder de influenciar a todos, positiva ou negativamente. O estilo de liderança da coerção, daquele chefe que tem razão o tempo todo, tende a instaurar o pânico. As pessoas cumprem regras e seguem ordens, mas a relação com seus líderes é instável, o clima é sempre tenso e, como resultado, cada colaborador do time perde o desejo de estar ali, sem o qual pouco ou nada se conquista.

3) A diferença entre servir e fazer a tarefa pelo colaborador

Deve-se pensar num modelo de liderança que faça o colaborador realizar tarefas e vencer metas impostas pela empresa, não por ordem, mas porque quer realizar e sente-se parte do time. O líder deve estar sempre pronto para servir aos liderados, deve ter claro para si que servir não é dar o que seus liderados pedem. É doar aquilo que realmente precisam. Afinal, prover conhecimento é um presente, mas dar o trabalho mastigado é nocivo. Servidor não dá ordens, gera responsabilidades. Não dá solução, inspira o alcance e sempre é atendido porque fornece condições necessárias para as metas.

4) As perguntas certas

As respostas serão sempre insuficientes quando os líderes não souberem quais perguntas devem se fazer. Minha equipe já tem tudo que precisa para realizar a tarefa? O que eu posso fazer de diferente para facilitar o trabalho da equipe? Se estivesse no lugar dos colaboradores, como eu realizaria esta tarefa? Compartilhei com a equipe a maneira que entendo como mais assertiva para realizar este trabalho? Já ouvi, filtrei e ponderei acerca de cada sugestão dos colaboradores?

5) Vicissitudes humanas

Um acolhedor clima organizacional é requisito para colher resultados positivos entre os liderados. Acima de tudo, cabe ponderar que líderes trabalham com seres humanos dotados de individualidade no perfil, repletos de necessidades, crenças e valores diferentes. As necessidades de cada colaborador estão muito acima do dinheiro. Cabe ao líder identificar o momento certo para servir reconhecimento e um simples parabéns faz toda diferença para quem colabora com os resultados corporativos. As pessoas querem ser ouvidas e compreendidas. No amplo universo que uma empresa representa, líderes devem identificar e tratar de forma correta as necessidades que cada colaborador tem e, ao fazê-lo, elevará significativamente o nível de confiança.

6) Congruência

É imponderável desejar bom clima sem alinhar com os liderados os valores, a missão e a visão da empresa. Defender e lutar pelos objetivos prevê que se acredite no propósito de vida da organização que a equipe defende. Por isso, é primordial que a instituição siga fielmente o que prega como missão, valores e visão. Do contrário, rapidamente haverá descrença entre os liderados. Ao líder, registra-se a responsabilidade de manter o ambiente em nível de excelência e demonstrar por meio das atitudes, em total congruência, que ele próprio se orienta pelos valores, amparado pela missão e inspirado pela visão da empresa. Além de adotar essa postura, também deverá estar sempre pronto para escutar a equipe, incentivar, estar aberto a ouvir e respeitar novas ideias, criar e manter um ambiente que permita aos liderados se sentirem seguros. Como resultado, os colaboradores estarão sempre próximos da liderança.

7) Motivar não é uma mera palavra

Outro desafio para a completude de um excelente clima organizacional é manter a equipe motivada mesmo em situações adversas. A pergunta mais importante a se fazer é: o que mantém minha equipe motivada? O velho tapinha nas costas ou o famoso oba-oba pode até motivar as pessoas, mas geram apenas um estado de motivação passageiro. A própria palavra motivação já nos dá uma grande deixa. Para estar motivado, o liderado precisa de motivos para agir (motivo + ação = motivação). A estratégia para gerar motivação constante é saber alocar os liderados nas funções que realmente gostam e sabem desempenhar, o que implica em conhecer o perfil de cada colaborador. Existem várias ferramentas que permitem conhecer o perfil de cada colaborador e, para ajudar o líder nesse diagnóstico, posso sugerir a análise comportamental DISC. Envie-me um *e-mail* solicitando mais informações e explicarei em detalhes como aplicar e obter um resultado eficaz.

8) Sonhar e reconhecer

Quem lidera com servidão procura despertar sonhos e mostrar que o liderado é capaz de conseguir. Todos nós tendemos a trabalhar com mais motivação diante de um objetivo desafiador a ser alcançado na profissão ou no âmbito pessoal. Quando esse sonho é atingido, o reconhecimento sincero pelo feito é outro fator decisivo para manter uma equipe motivada. Cada vitória atingida pelo líder e sua equipe representa uma oportunidade para a liderança reconhecer e demonstrar a satisfação pelo desempenho e dedicação do liderado. Celebrar com a equipe, ainda que da forma mais simples, é saudável e relevante. Por fim, vale deixar evidente que ao elogiar e reconhecer um colaborador, devemos fazer em público. Se a situação for inversa e passível de reprimenda, é obrigação da liderança assumir uma postura reservada e pessoal.

9) Capacitar para prosperar

Em reforço ao primeiro argumento, reitero esta necessidade com novos motivos.

— Eu não vou treinar meus funcionários. Acha que vou investir dinheiro nisso? Depois ele arruma as malas e muda para o concorrente!

Aqui ou acolá ainda se escuta justificativa como esta. Quem a utiliza não percebe que manter um colaborador sem treino é como ter um relógio com pilha fraca: ora funciona, ora falha. Boa parte das empresas ainda tem cometido o erro capital de simplesmente esperar o resultado da equipe por meio de estratégias malhadas e vencidas pelo tempo. Se a única solução encontrada é a troca do colaborador, significa que a empresa vive na absoluta pobreza de soluções. Bons profissionais não chegam prontos, por melhor que seja o currículo. Treino é imprescindível e empresa que não investe em capacitação fica sem diferencial para crescer e prosperar. Faça uma breve reflexão. Se pudesse mudar algo em sua equipe, algo que faria toda diferença para sua empresa, o que mudaria? Seja qual for a sua resposta, posso garantir que, sim, é possível. Segundo a perspectiva do *coaching*, tudo é possível do ponto A ao ponto B, desde que se utilizem os recursos certos e se treine. Repare que as empresas mais bem-sucedidas são aquelas que investem em desenvolver a equipe, que reservam um montante do orçamento anual para treinar e capacitar, pois equipe treinada e capacitada tende a produzir mais com menor esforço, ajuda a reduzir os custos da empresa, garante a sobrevivência no mercado altamente competitivo e aumenta as chances de sucesso.

10) Como vender mais

Nas salas de reunião para discutir a movimentação de vendas, duas perguntas estão sempre presentes.

- Por que é tão difícil vender hoje?
- Por que é tão difícil encontrar bons vendedores?

A força motriz de qualquer organização é o setor comercial, o que torna impossível ter sucesso sem uma equipe treinada e preparada para atuar no mercado em constante evolução. A resposta para ambas as perguntas é simples.

Neste competitivo mercado com abundância de ofertas, clientes não aceitam mais o vendedor bom de lábia, o vendedor de uma venda só ou o famoso tirador de pedidos. O cliente brasileiro é extremamente exigente e bem informado sobre a qualidade do produto a ser adquirido, a idoneidade da empresa fornecedora, o preço médio e até as reclamações de eventuais clientes insatisfeitos. No passado, lábia era importante para vender. O século XXI transformou vendas em processo e somente a equipe de vendas bem capacitada para dominar este processo será bem-sucedida. Neste espaço a mim concedido, não será possível deixar um processo completo de vendas, mas vou registrar dicas essenciais.

A maior parte dos vendedores reclama da falta de clientes. Concordo que a empresa tem uma considerável parcela de responsabilidade neste quesito, mas o vendedor não pode ficar esperando o retorno dos investimentos da empresa em propaganda. Todo vendedor precisa ter a própria estratégia para atrair e fidelizar. Clientes podem chegar até a empresa por sorte. Ao invés de esperar por esta sorte, por que não ir buscá-la? São várias as estratégias e ferramentas para esta caçada, independente do mercado. A mais importante é saber identificar futuros clientes e estar atento sobre a necessidade de compra. Quantas oportunidades de conquistar um novo cliente os vendedores perderam por estarem desatentos, com o olhar perdido na rede social, por exemplo?

Outra falha constante que identifico é a maneira adotada pelos vendedores para administrar a carteira de clientes. É fundamental conhecer em profundidade a carteira, antecipar suas necessidades preventivas e criativas, atuar como seu consultor e estar sempre um passo à frente da concorrência. Embora exista a tendência de sair para caçar clientes novos, a solução para vender mais e melhor pode estar "dentro de casa". A manutenção dos clientes atuais demanda menos esforço para o vendedor, além de ser mais barato para a empresa.

Uma equipe que sempre supera a concorrência sabe manter o banco de dados atualizados, sinaliza seus principais clientes, está sempre atenta aos números, conhece os produtos comprados com frequência e está sempre analisando quais produtos poderão ser acrescentados ao *mix* do cliente.

Outra queixa recorrente é o preço da concorrência. Equipe que não sabe gerar valor ao produto fica com o único diferencial que vai interessar ao cliente: preço. Em alguns casos, quando ensino ao vendedor que levantou a questão como gerar valor ao produto, surge outro questionamento.

— Tá, mas e se o produto for o mesmo?

Eu devolvo com outras duas perguntas.

— Será que quando o seu cliente diz ter um preço menor ele sempre fala a verdade?
— Você já se perguntou quanto dinheiro as empresas perdem por ano com o famoso desconto?

Por meio das ferramentas da programação neurolinguística aplicadas às vendas, é possível saber com assertividade se o cliente tem mesmo um preço menor ou se está usando estratégias para pechinchar.

Geração de resultados

A liderança é a grande responsável por desenvolver e gerar resultados. Contudo, só será possível promover qualquer mudança se o(a) líder acreditar de verdade nas pessoas e crer infalivelmente que elas são capazes de fazer a diferença. Ao contratar um treinador, para área comercial ou comportamental, certifique-se de que ele acredite no ser humano.

Eu acredito que as pessoas são como diamantes em estado bruto. Quem lhes serve tem a chance de contribuir para a lapidação, de fazer com que descubram que em cada um de nós vive como um imenso brilhante, e que o verdadeiro mundo do sucesso não foi feito para as pessoas de sorte, mas para aqueles que se preparam, investem em si, procuram o novo e não temem recomeçar quantas vezes a vida exigir. Como legado, estou pronto para ajudar as pessoas que se dispuserem à lapidação com a suprema crença de que trabalhar com amor é servir ao próximo com competência e conhecimento.

Se os meus valores estiverem alinhados aos seus e aos da empresa que você representa, faça contato. Juntos, somos melhores e mais fortes para lapidar.

5

O acompanhamento e a servidão

Em nossa indústria, a servidão é o selo de ouro do crescimento. Não é fácil conquistar e liderar uma equipe com mais de 1000 pessoas em seis países. Mas, eu vou te contar como fiz. Ao sair da curva e empreender, tentarão demover você, pois nem todos nasceram para grandes desafios. Pense: sobreviver e crescer ou estagnar e perder? O único caminho seguro para o fracasso é a desistência. Leia o texto e blinde-se!

Dayllon Zoletti

Dayllon Zoletti

Administrador com especialização em Economia, conquistou o seu primeiro milhão antes dos 30 anos. Treinador Comportamental formado pelo Prof. Massaru Ogata no Instituto de Formação de Treinadores, IFT, participou como membro dessa equipe de treinadores por três anos. Criador de dinâmicas de grupo que envolvem alto impacto, é *Master Practitioner* em PNL, Hipnólogo, *Head Trainer* na Dolt Treinamentos e *Networker* MKT PRO. Líder de mais de 1000 pessoas em seis países, defende, em nome da liderança servidora, temas como administração do tempo, fortalecimento da equipe, empoderamento e combate à rotatividade. Tem negócios e investimentos em países da América Latina. É contratado por empresários de variados setores para ministrar cursos e palestras corporativas, nos quais compartilha seu *case* internacional e suas estratégias para formar uma equipe firme, coesa e comprometida.

Contatos
trabajecondayllon@hotmail.com
dayllon_zoletti@hotmail.com
(49) 98845-3000

O meu trabalho em proximidade com o desenvolvimento de pessoas começou muito cedo. Antes mesmo de completar 17 anos, participei do Instituto de Formação de Treinadores, o IFT, sob orientação de um grande líder servidor, o professor Massaru Ogata.

Fiquei admirado e compreendi que "desenvolvimento humano" não é mera expressão usada para explicar evolução pessoal e profissional. Acompanhei os trabalhos do professor no sul e sudeste por quatro anos. Em seguida, surgiu a desafiante missão de cuidar do avô adoecido.

Depois de me servir amor por toda a vida, dentre os quatro filhos que gerou, meu avô escolheu a mim para servi-lo e me senti honrado. Nem conheci o meu pai, mas o avô jamais permitiu que eu fosse privado de amor e carinho.

Quando migrei do mercado convencional, trocando carteira registrada por um projeto empreendedor, tinha dois exemplos poderosos de liderança servidora: o amor do avô e a sabedoria do professor Ogata, que inclusive coordena esta obra.

No projeto de empreendedorismo em que me joguei de corpo e alma, só haveria chance de encontrar sucesso se eu tivesse alguns requisitos.

✓ Gostar de pessoas e dominar uma comunicação eficiente, pois o segmento é marcado por bons relacionamentos;

✓ Conquistar pessoas por meio da verdade e do desejo recíproco de vencer;

✓ Abrir caminho para que as pessoas encontrem o mesmo sucesso que eu pretendo adquirir;

✓ Acompanhar a equipe e mostrar como atingir grandes resultados. Nenhum time aceita as palavras sem conferir uma atitude nobre por trás daquilo que se diz.

Mais de 1000 pessoas compõem a nossa equipe em seis países e este número cresce a cada dia. O time que lidero com amor, objetivos determinados e servidão proporcionou resultados impressionantes e me colocou numa posição de destaque no negócio, pela qual sou grato e retribuo com esforços diários para o crescimento de todos.

Em homenagem à minha equipe, vou narrar como foi possível que juntos atingíssemos grandes números. Dessa forma, vou servir a eles o justo reconhecimento e, a você, uma informação que está valendo ouro: como liderar, inspirar, motivar e cuidar das pessoas que fazem (ou poderiam fazer) o melhor em nossas empresas.

Liderar-se além da descrença alheia

No início de meu projeto empreendedor, fui desacreditado por pessoas das relações próximas. Não faltou quem dissesse que eu não conseguiria. Um trimestre depois, as mesmas pessoas me parabenizavam pelos feitos. Essa é a primeira dica para que você possa construir algo inusitado. Se você planejou o futuro, calculou os riscos, investiu nas demandas certas e preparou o terreno para vencer, acredite em si e ignore opiniões prévias. Lembre-se de que uma ideia empreendedora só pode ser desaprovada depois de nascida, executada e fracassada. Antes dessas etapas, cabe a você liderar-se e servir-se de coragem.

Administração do próprio tempo

Enquanto conceito de duração, é certo que o tempo não se permite administrar. Somos todos reféns de 24 horas diárias e ninguém pode conseguir redução ou elasticidade. Contudo, o próprio tempo deve ser gerenciado em favor dos projetos. Sem liderança, a agenda é um simples bloco de papel preso por grampos ou um espaço digital à espera de preenchimento.

Como alguém esperaria liderar um grande time, seja por servidão ou métodos mais insalubres, se não consegue sequer controlar o próprio tempo?

Para atingir o crescimento, foi necessário um trabalho muito árduo e conciliador. Eu trabalhava numa empresa durante o dia e depois das 18h, dava o segundo expediente, encontrava tempo para estudar, dormir e recomeçar a longa jornada na manhã seguinte. O segredo é usar e respeitar a agenda como algo sagrado. Cumprir as tarefas a qualquer tempo traz o sucesso do mesmo jeito: um dia qualquer...

Outro detalhe que impede o acesso ao conhecimento é o hábito de tentar conhecer e resolver tudo sozinho, supondo que sabe ou é capaz de saber qualquer coisa. Acredito que a palavra-chave é acompanhamento. Como eu nunca tinha trabalhado na área, tive que me agarrar às experiências compartilhadas, pesquisar livros, vídeos e todo formato de saber próximo ou distante. Em resumo, não tive nenhum constrangimento em pedir auxílio.

Minha equipe foi crescendo e tornei o acompanhamento individual ainda mais próximo. Entendi que a melhor forma de ser eficaz prevê treinamentos motivacionais envolvendo produtos, *marketing*, estratégia e vendas. Reproduzi *cases* anteriores da empresa e os efeitos positivos surgiram.

Nosso negócio está conectado ao *marketing* multinível e o segredo do sucesso, embora seja composto por muitas ações, poderia resumir-se em minha visão como líder que serve: olhar para o mercado alternativo por meio das lentes que a seriedade corporativa merece. Não incluímos pessoas ao projeto só para fazer número. Fazemos tudo com planejamento, sem rifar ou depender da sorte. Minha equipe não conta com o acaso. Nosso sucesso ocorre pelas ações da equipe, com o acompanhamento máximo da liderança e o justo reconhecimento da empresa.

A junção de pessoas muito dispostas, lideradas e servidas pelas ações da empresa forma uma verdadeira máquina de vender e vencer.

Depois que cadastramos uma pessoa, passamos a imaginá-la como um bebê iniciando no negócio. Nós treinamos, ajudamos a desenvolver sua lista dos sonhos, a refletir sobre o que terá e será a partir dali. É o processo definido como emotização, colocar emoção no processo de imaginação.

Quando emotiza, a pessoa se enxerga naquele lugar, vive o sonho antes mesmo de existir, seja o carro novo, a casa nova, ou a felicidade à sua maneira.

Quase sempre recebemos pessoas que estavam seguindo qualquer caminho, já que não sabiam qual percorrer. É aí que entra a liderança, para servir como o GPS na carreira da pessoa liderada. Ajudo os colaboradores na definição da meta e inserimos nela o sonho de sua vida. Isso faz o negócio fluir mais rápido.

Ao iniciar no negócio, cadastrei algumas poucas pessoas que desistiram e depois percebi que o problema não eram elas. Eu não estava sabendo liderar de forma servidora e assertiva. Preocupado demais em gerar resultados rápidos, trabalhei pela perspectiva pontual e tive dificuldade para fazer algo que todo bom líder deve fazer; olhar adiante. Felizmente, percebi o erro e corrigi o curso. Esta humildade para reconhecer algo que não tem dado certo é a lição de casa que faz a diferença na própria vida e gera reflexos na vida daqueles a quem lideramos.

Nos treinamentos com o professor Massaru, aprendi que a liderança servidora é mais do que uma postura. É um estilo de vida. Eu zelo pelas pessoas que estão na décima linha do negócio da mesma maneira que cuido do primeiro nível e esta proximidade é meio caminho andado. Sento-me com elas, tenho conversas "olho no olho", pergunto o que desejam para suas vidas, o que esperam da empresa e assim por diante.

Quanto mais próximo o líder estiver da equipe, seja nas empresas convencionais ou no *marketing* multinível, melhor será a seleção de talentos. Quem chega na empresa para brilhar traz um brilho prévio no olhar e o único recurso para identificá-lo é a proximidade, combinada a um trabalho forte para que se atinja o objetivo maior e se pague o preço do esforço que toda vitória exige. Nada, hoje ou daqui a um século, é ou será gratuito.

Quer vender mais? Durma menos e ouça mais os especialistas.
Quer crescer mais? Divirta-se menos e estude mais durante o tempo livre.
Quer realizar sonhos? Sonhe menos, emotize e realize mais.

Como fortalecer a equipe diante do "não"

É dificílimo lidar com o "não" recebido ao longo do caminho. Algumas pessoas têm a vantagem de usá-lo como motivação para buscar o próximo "sim" e há quem precise também de uma ajudazinha da liderança para não se abater ou desistir.

Com metas e sonhos identificados, munidos de base motivacional, portando recursos emotizados e servidos das técnicas corretas, é hora de partir para realizar.

Com a rota bem planejada, é responsabilidade dos líderes orientar empecilhos externos como problemas do negócio ou do setor, ações da concorrência ou mudanças políticas que reflitam na estrutura do projeto. Os empecilhos internos também exigem atenção, como desmotivação, negligência e desinteresse.

Após definir tudo isso e dedicar atenção diária para acompanhar a equipe, será mais fácil para a liderança orientar seus colaboradores. O sonho já foi traçado, a meta está ali bem exposta, colocada no papel, perfeitamente executável e servirá de combustível para desenvolver o negócio, ignorando cada "não" que receber.

O acompanhamento que defendi se aplica a todos os setores. Você pode ter uma pessoa de potencial gigante na empresa ou organização e talvez nem ela tenha ciência disso, pois precisa ser orientada e deve saber que pode contar com a liderança da empresa assim como a criança sabe, por instinto, que pode contar com os pais. Do contrário, acabará perdendo o talento ou a força que tem a oferecer.

O bebê só aprende a caminhar porque aprende pela servidão dos pais. Quem o educa mostrou o melhor, mais rápido e menos doloroso caminho. A formação educacional é um processo e o bebê só vai chegar até a idade adulta com caráter bem formado e vigor físico se souber qual é esse objetivo.

Na equipe profissional, se a pessoa não sabe aonde quer chegar, é meu papel como líder pedir que informe quem é, na visão dela, alguém de sucesso, o que esta figura teria feito para ser considerada como exemplo de sucesso e o que atingiu. A análise nos aproxima e engrandece.

Em nosso negócio, quase sempre as desistências não representam renúncias ao projeto ou empresa, mas ao líder e sua conduta. O mesmo ocorre no corporativo convencional, onde se percebe que o colaborador pede demissão para ver-se livre do chefe que comanda ao estilo "quadradão", que não abre a guarda para nada que altere sua rotina dominante e seu desejo de dar ordens. Falta a estes líderes qualquer mínimo de sensibilidade, de jogo de cintura para perceber que alguns colaboradores carregam problemas pessoais para o trabalho e levam a insatisfação profissional para a vida pessoal, formando uma grande bola de neve de infelicidade.

A pescaria e a liderança

Todo pescador, por metáfora, é líder em potencial. A vara é o colaborador que suporta peso em movimento. A linha é responsável pela tração. O anzol se encarrega de fixar o alvo inerte e à carretilha, resta a tarefa de enrolar a linha dispensada e trazer o pescado. Se o pescador utilizar a vara errada, o peso vai arrebentá-la. A linha grossa demais pode reluzir ao sol e afugentar o peixe. O anzol muito pequeno talvez não fixe um animal de porte grande e a carretilha inadequada talvez aqueça demais.

Estamos falando de equipamentos que colaboram para um fim. Na vida real, lidamos com pessoas cheias de sentimentos que devem ter o respeito do líder. Mas, sem saber disso, muitos líderes colocam a pessoa estratégica no setor errado ou a pessoa errada no setor estratégico.

Há o tempo de ensinar como se pesca e o tempo de sentar-se ao lado, provar que é capaz de assumir a dificuldade e pescar junto com o colaborador.

Olhando para um passado recente, quando algum colaborador me dizia que restavam 500 pontos para bater sua qualificação, não foram poucas as ocasiões em que investi e comprei pessoalmente a cota restante. Ao agir assim, eu não tencionava dar o peixe ao invés de ensinar a pescar. Ao contrário, apostava no pescador e demonstrava que estaríamos juntos para pegar este e tantos outros peixes.

De quem é a culpa pela rotatividade?

O *turnover* acima do patamar previsto e aceitável talvez seja justificado pelo chefe como resultante da crise. Líder que serve está sempre pronto para dar combate e evitar a saída ininterrupta de profissionais valorosos, para assumir sua parcela de responsabilidade e assume outra certeza: se as pessoas do seu setor estão saindo a todo instante, de alguma maneira ele tem responsabilidade, seja por omissão, negligência, despreparo, falta de carisma ou desatenção aos sonhos de quem está hierarquicamente abaixo, pois chefe é especialista em respeitar os pares e bajular aqueles que estão acima, mas tende a ignorar os que estiverem um degrau abaixo de suas pretensas conquistas.

Superada a questão do *turnover*, o líder manteve a equipe consigo e cessaram as demissões. É hora de lidar com os desejos materiais dos colaboradores.

Para ter muito dinheiro, é fundamental bater qualificações, encontrar o teto da meta e ajudar a empresa a manter-se firme.

Ter muito dinheiro vai custar muito trabalho, mas ter muito amor pelo que faz e envolver o coração no projeto não custa nada.

Eis a regra: use o coração, que é gratuito, para gerar dinheiro e prosperidade. Não cometa o erro comum de esperar que muito dinheiro seja ganho, para somente depois colocar o coração em seu projeto de vida. Dessa maneira, nem o coração e tampouco o bolso serão preenchidos.

Faça contato e vamos replicar em sua empresa, sua vida ou sua equipe aquilo que eu e minha equipe comemoramos todo mês, por meio da servidão recíproca: o sucesso.

As chaves que abrem o portal da eficácia

Não por acidente, homens e mulheres tornam-se líderes servidores, mestres na arte de "moldar e polir" colaboradores para que evoluam e façam a diferença. Não se alcança a grandeza da liderança por submeter pessoas ao serviço de um. No entanto, quando colocamos a própria capacidade a serviço delas, despertamos o que possuem de melhor, pessoal e profissionalmente. Sirvo-lhe, pois, os meus argumentos...

Donato Pereira Netto

Donato Pereira Netto

Dedica quase 20 anos à gestão de empresas, liderança de equipes, vendas no mercado de alto padrão e desenvolvimento humano. Treinador comportamental, *Trainer Master Practitioner* em PNL, acumula formação em Letargia. É Renascedor, Hipnólogo Clínico, Comunicador Ericksoniano, Consultor *Assessments* e Analista 360°. Com oito certificações internacionais em Desenvolvimento Humano, é Idealizador e *Head Trainer* dos Treinamentos NEUROGRAMÁTICA - Comunicação Eficaz e O LÍDER SERVIDOR. Diretor Administrativo da Associação dos Veteranos da Força Aérea Brasileira - AVFAB, 2ª Tenente CSLI. Coautor do livro *Estratégias de alto impacto*, pela Literare Books, defendeu o tema "A sua existência e o poderoso filtro da percepção". É advogado, palestrante e presta mentoria para treinadores, *coaches* e palestrantes. Atende empresas e pessoas físicas de maneira personalizada. Acima de qualquer técnica, respeita o ser humano na essência, entende suas necessidades e sem julgamento, entrega-lhe o resultado desejado.

Contatos
www.donattonetto.com.br
donato@treadh.com.br
(11) 98389-7365

Explicar ou compreender a natureza da boa liderança é menos complexo do que praticá-la e servidão requer qualidades profundas, além de noções sobre autoridade e estilo de liderança. A era da inovação prevê tornar a vida simples e intensa. E assim deve ser o discurso dos líderes: objetivo, honesto e humano. A partir de agora, a ordem é agir de pessoa para pessoa e não mais de "chefe" para "empregado". O desafio é utilizar o estilo de liderança pontualmente situacional diante de cada colaborador ou tarefa, ao invés da vã tentativa de padronizar colaboradores e respectivas atitudes.

A empresa precisa pensar "como pessoa" e fazer sua parte, colaborar para um mundo melhor em todos os níveis de contato. Este papel deve ser representado pelos líderes, o que nos leva a ponderar quão laboriosa é a tarefa.

Na tentativa de influenciar o comportamento dos colaboradores, sucesso não significa eficácia. A liderança eficaz deve-se ao conceito da liderança servidora, que preza a autoridade conquistada por meio da servidão e da dedicação, ambas proporcionadas pelo conceito democrático. Estes líderes abrem mão do estilo autocrático porque entendem a diferença entre chefiar e liderar.

No primeiro estilo, o líder obtém resultado com diplomacia e o que prevalece é o poder pessoal centrado nos subordinados. E para o outro, é a hierarquia pela hierarquia, o poder de posição centrado no próprio líder, fazendo jus ao dito "manda quem pode, obedece quem tem juízo". Este segundo estilo também vai encontrar sucesso no comando, porém existe uma lacuna muito grande entre obter resultados e liderar de forma eficaz. Não basta levar em conta somente o resultado pretendido. Ao avaliar o resultado médio de um ano, por exemplo, o que de fato importa é se o estilo de liderar foi eficaz ou ineficaz.

Faz-se necessário ser chefe para ser líder?

Liderar é inspirar e influenciar a agir. É induzir pessoas, por meio de exemplos positivos e entusiasmo, a trabalharem pelo bem comum.

O ser humano tem capacidade para mudanças transformadoras, desde que motivado pelo exemplo, inspirado por humildade e assistido pela liderança servidora.

Enquanto isso, o poder é mera força unilateral e funciona por um tempo quase sempre curto que costuma deixar marcas.

Autoridade e respeito, ao contrário, são habilidades do líder para conquistar e conseguir que as pessoas façam aquilo que precisa ser feito por conta da influência, do poder pessoal e do exemplo prático.

O verdadeiro líder consegue acessar a porção mais profunda da natureza humana, conduz cada integrante a:

1) elevar-se acima das circunstâncias desafiadoras;
2) migrar da natureza comum para a mais alta *performance*.

Líder acumula mais que uma mera função profissional. Carrega sobre os ombros uma verdadeira missão e por isso, acima de tudo, deve gostar de gente.

As organizações talvez não queiram mudar e têm este direito. Já o verdadeiro líder pode capacitar as pessoas ao convívio diário com mudanças.

A pergunta que deixa todos em vigília é a seguinte: quanto aos atributos, o que deve ser considerado por gestores no momento de recrutar, contratar, formar ou treinar líderes para que possam servir e obter resultados?

Liderança eficaz		
Requisito	Imprescindível	Opcional
Grande capacidade técnica		x
Grande capacidade intelectual		x
Atitude	x	
Comportamento positivo	x	
Conhecimento específico no segmento		x
Flexibilidade no estilo de liderar	x	
Consciência de que lida com gente	x	
Gostar de gente	x	

O quadro lista atributos inegociáveis. Outras qualidades altamente significativas também indicam se o(a) líder eficaz é capaz de servir: integridade, honestidade, humildade, coragem, compromisso, sinceridade, paixão, confiança, positividade, sabedoria, determinação, compaixão e sensibilidade.

A capacidade de "ser humano" além do simples significado da expressão revela tais qualidades e reflete o relacionamento vital entre o líder e as pessoas.

Sim, senhor!

Ser obedecido ou atingir um resultado não revela eficácia na liderança. Imagine alguém que parou o carro no semáforo, com os vidros abertos, aguardando o sinal verde. De repente, um assaltante apontou a arma e exigiu seu relógio. Nesse momento, quem está na liderança? Sim, o assaltante. Mesmo que deseje reagir de imediato, a vítima vai mudar seu comportamento com muito empenho para preservar a própria vida. Esta é a analogia que podemos direcionar sobre o colaborador que faz de tudo para manter o emprego e o líder que parece estar sempre de arma em punho.

Liderança é a tentativa de "A" influenciar e modificar o comportamento, o desempenho e o resultado de "B", passível de sucesso ou insucesso. Neste exemplo, o assaltante provocou uma mudança de comportamento e obteve o resultado desejado. Não significa, absolutamente, que essa liderança foi eficaz. Imagine que, ao virar as costas, o assaltante foi surpreendido por sua vítima que estava armada e reagiu com um tiro letal.

É o que acontece frequentemente nas organizações. Quando o líder é ineficaz ou tóxico e se ausenta, confirma-se o provérbio "quando os gatos saem, os ratos fazem a festa". Seus colaboradores assumem comportamentos indesejáveis e destrutivos com o propósito de prejudicar o "chefe".

Entrevista com o vampiro

Os líderes ineficazes não têm consciência ou controle dos próprios sentimentos. Como resultado, por vezes deixam as emoções controlá-los e reagem com uma variedade de comportamentos destrutivos; raiva, revolta, agressão passiva, vaidade ou vingança pessoal. Ignoram o colaborador, ou pior, ofendem e desrespeitam, muitas vezes, diante de outros funcionários. Felizmente, não simbolizam a maioria, embora existam e não sejam poucos. Seu trabalho resulta em ressentimento e as pessoas se sentem "vampirizadas".

Entrevistados em sigilo, subordinados costumam relatar seu líder ineficaz e vampiro em detalhes:

- Nega, com atitudes, os valores da empresa;
- Desconhece o limite entre pressão por resultados e falta de respeito;
- Desrespeita as pessoas no tom de voz e no discurso;
- Desrespeita por excesso de centralização;
- Desrespeita por incapacidade de abrir caminhos para que as pessoas cresçam;
- Falta capacidade de inspirar e motivar os seus liderados;
- Não atrai nem retém os melhores talentos, sufoca e anula a equipe;
- Persegue o resultado certo da forma errada.

Durante o dia de trabalho, o comportamento vampiresco do chefe vai afetar, mais tarde, o que se passa em torno da mesa de jantar, na casa dos colaboradores e quem já teve chefe perverso sabe bem disso.

O líder deve refletir sobre essa enorme responsabilidade que tem em mãos e reconhecer que suas escolhas e comportamentos impactam vidas.

Pergunto-me se os líderes de hoje têm cumprido seu papel apenas com base naquilo que esperam deles ou se estão conscientes dos sentimentos alheios. Pergunto-me se estão conscientes dos próprios sentimentos e como os utilizam para construir conexões com os subordinados.

Pergunto-me se sabem que a ação mais importante é demonstrar que são seres humanos e se importam com os semelhantes. O líder que exercita o poder com honra trabalha de dentro para fora, começa por si e obtém melhores condições de entender as pessoas.

O case Izabel

Líderes mostram o que fazer. Chefes dizem o que fazer.

Nos programas para treinamento de liderança que desenvolvo, busco primeiro a transformação do SER para depois entrar no aspecto técnico. Nesta jornada, tive o doce prazer de conhecer uma grande líder, a *Chef* Izabel Pereira, proprietária da Boutique Gourmet Marie Madeleine, instalada na simpática Vila Nova Conceição, em São Paulo. Certa vez, a *Chef* Izabel sentiu necessidade de assumir a liderança direta dos colaboradores. Literalmente, colocou a mão na massa. Arregaçou as mangas e foi a campo. Ouviu cada colaborador e seus parceiros. Indagou como gostariam de ser chamados, analisou cada sugestão, cada queixa originada na gestão anterior e iniciou um fundamental trabalho diretivo.

Sem direcionamento, desmotiva-se a equipe, pois fica sem saber o que precisa ser feito, perdida, confusa e com a sensação de não pertencer. Izabel providenciou treinamento comportamental e despertou o autoconhecimento. Na sequência, entrou com treinamento técnico e investiu pesado em processos de *coaching* para os colaboradores estratégicos. Apoiou a equipe e manteve-se sempre próxima para flagrar e elogiar os comportamentos positivos. Incentivou cada um ao crescimento, desenvolveu suas potencialidades e habilidades. Os benefícios surgiram e, cada vez mais, o nível de empenho do grupo aumentou. Isso prova que a servidão da liderança comprometida com todo o processo de trabalho alcança o respeito. Ao atingir este estágio, líderes podem delegar tarefas e discutir ações com os subordinados. Izabel elevou o nível de competência e comprometimento, desenvolveu uma equipe de campeões, comprometida e competente. É um *case* inegável!

Ao líder cabe delegar tarefas e assumir responsabilidades
É cruel que o líder cobre da equipe uma incumbência pela qual é pago. Líder que serve dá direção, treinamento, apoio. Delega ao perceber que o subordinado tem competência e comprometimento. Valoriza qualidades individuais, convive bem com os defeitos (seus e dos próximos) e assume responsabilidades. O fator mais significativo sobre o líder servidor é a consciência de que sua equipe é, em primeiro lugar, composta por seres humanos que tentam fazer o melhor trabalho que sabem. Por isso, quando é necessário lidar com algum dano ou dor, usam compaixão e humildade. São genuinamente voltados para a outra pessoa e suas necessidades, em vez de cumprir protocolos de liderança com frieza.

O líder eficaz é emocionalmente inteligente e consciente. Compreende a importância dos sentimentos na lida com a equipe. Não significa que seja governado por seus sentimentos, mas que sabe utilizá-los para conectar-se com empatia. Por fim, sabe demonstrar o valor da relação entre o grupo e a organização. Desumano é resgatar alguém do fundo do poço e torná-lo escravo, seja pela emoção, admiração ou mesmo pelo fanatismo. O verdadeiro líder não cria seguidores, gera novos líderes e torce pelo sucesso deles. Não teme a sombra. Não olha como ameaça os funcionários dotados de potencial para assumir a liderança. Ao oferecer oportunidade de crescimento em alto nível, o líder que serve também vai sentir-se valorizado e apreciado. Como investe o coração em seu grupo e permite que as pessoas cresçam junto com ele, cria relacionamentos que geram benefícios para a vida toda.

A espada dos líderes

Alternar o estilo é um aspecto cada vez mais importante para a liderança, porque o mundo está mais complexo e dinâmico. Encarar esta batalha sem a espada da flexibilidade forjada pela servidão pode ser muito arriscado.

Flexibilidade decorre de objetividade que, por seu lado, deriva da segurança e da maturidade emocional. Por sua vez, a adaptação aos variados estilos não depende de processos ou habilidades, mas de treino, perfil e capacidade de ser flexível. Alguns líderes ficam mais confortáveis a um estilo de liderança e não mudam. É o caso do líder que apoia e deixa de direcionar, treinar ou delegar. Quem precisa, por exemplo, de orientação (direção) para encontrar um endereço não pode receber da liderança somente apoio ou falácias como: "eu acredito em sua capacidade".

Liderança é uma oportunidade de prover ao colaborador aquilo que ele não pode, de imediato, prover-se. Quem lidera precisa assegurar-se de que os colaboradores receberam todas as ferramentas necessárias para uma execução plausível. A liderança servidora deve ser centralmente preocupada com pessoas. É claro que resultados envolvem decisões e ações relacionadas a incontáveis situações dentro da organização, mas a liderança, em especial comparação com qualquer outro papel e por sua responsabilidade com o ser humano, é uma função quase sacerdotal, uma tarefa missionária.

Muitos recursos na vida são adquiridos pela competência ou pelo conhecimento técnico e, em seguida, aplicados de maneira confiável. Com a liderança, é bem diferente. Boa liderança exige força emocional e comportamentos que evidenciem profundamente as reservas mentais e espirituais do líder.

O exemplo é a pessoa ou seus feitos?

O mundo discute conceitos e arquétipos da liderança, mas raramente encontramos quem possa definir o que a capacitou para tal.

Nos treinamentos, quando peço que a audiência cite exemplos de liderança, muitas vezes recebo nomes e não as qualidades que precederam a eternização destas personalidades.

Com extremo cuidado para liderar semelhantes e muito trabalho duro, você pode criar um ambiente de trabalho propício para a felicidade do colaborador e o alcance de resultados corporativos façanhosos. A fechadura que protege o portal deste ambiente requer três chaves especiais.

A primeira reconhece a diferença entre chefiar e liderar. A segunda identifica e desenvolve líderes por meio da servidão. A terceira faz a conciliação entre a estratégia desejada e as vicissitudes humanas.

Faça contato. Poderemos descobrir juntos uma eventual quarta chave, exclusivamente sua!

7

Se você não escreve bem, acredite: a culpa é do chefe

Criar produtos e serviços é tarefa dificílima. Correto? E criar proposta comercial, artigo, livro ou *e-mail* persuasivo? Não seria razoável afirmar que o grau de dificuldade é bem parecido? Apresento soluções para a maior carência dos brasileiros: escrever com excelência. Mais do que isso, proponho uma abordagem que investiga a raiz dessa dor. Conheça o chefe e o líder que vivem dentro de nossa cabeça...

Edilson Menezes

Edilson Menezes

Consultor literário e treinador comportamental. Idealizador da revisão artística – metodologia premiada pela comunidade empresarial judaica – é responsável pelo lançamento de vários autores profissionais, desde a criação dos primeiros textos, até a noite de autógrafos. Foi um dos autores da obra *Treinamentos comportamentais*. Reuniu e coordenou dezenas de autores para as obras *Estratégias de alto impacto* e *O fim da era chefe*. Gravou o DVD profissional *Os segredos para escrever um livro de sucesso*, filmado nos estúdios da KLA, sob a supervisão do presidente da empresa, Edílson Lopes. Contabiliza mais de 20 anos de experiência corporativa como vendedor e líder, o que o credencia a preencher parte da agenda ministrando palestras e treinamentos corporativos. Assistido em diversas regiões do país, inspira as pessoas a usarem "a arte da escrita", sua marca pessoal, na venda de ideias, produtos, serviços e convicções.

Contatos
edilson@arteesucesso.com.br
(11) 99507-2645

Você tem o hábito de iniciar um texto, julgar que não ficou bom, descartar tudo e começar de novo?

E você, antes de enviar um *e-mail*, costuma reler muitas vezes, sentindo que "falta alguma coisa"?

Vamos entender a raiz desse problema. Na porção rasa e fugidia da consciência, a solução seria bem simples. Bastaria ser mais flexível, menos perfeccionista; problema resolvido. Desse modo, você resolveria a dor temporária. Contudo, na porção profunda e inconsciente do cérebro reside o motivo real que gera esses "probleminhas", a causa que pode e deve ser investigada, em favor de um futuro bem mais auspicioso.

A considerar o título que escolhi, devo dizer que não me refiro ao chefe da empresa, mas a outro, bem mais crítico em relação à arte de escrever: o chefe que existe dentro da minha, da sua cabeça.

Para resumir, nosso cérebro é composto pelo lado esquerdo, que é reto, métrico, lógico, calculador; e pelo lado direito, criativo, emocional, afetivo e empolgante. Embora a descrição sugira que o lado direito do cérebro seja mais interessante, devo dizer que não é bem assim. Cada hemisfério responde por tarefas específicas de igual importância para a sobrevivência e a felicidade. Amar-se é importante, sobreviver também. Em outro exemplo, controlar as emoções (lado direito) é tão relevante quanto saber calcular (lado esquerdo).

Não somos perfeitos em matérias como sabedoria, humildade, igualdade, fraternidade, honestidade, altruísmo e tantas outras. Mas penso que o cérebro, como órgão, é perfeito. Trabalhando no alto de sua perfeição, o cérebro atua de acordo com os nossos valores, as nossas crenças e, sobretudo, com base na memória de decisões já adotadas. Por exemplo:

Se você tem uma decisão-padrão de fazer um caminho todos os dias, assim que dá o primeiro passo, o lado esquerdo, racional e calculador, lhe diz qual é a rota. Mas, se um dia você pensa em escolher um novo rumo, o lado direito e criativo do cérebro entra em ação, para descobrir qual caminho lhe daria mais prazer, ao passo que o lado esquerdo faria ainda o cálculo de exatidão do caminho.

E qual é a relação disso com a arte de escrever? Vejamos a cronologia de uma memória do passado com efeitos diretos no futuro:

Ainda na infância, o lado esquerdo do cérebro, armazenador de decisões padronizadas, registrou que você não gosta de escrever;

Adiante, com as redações que a adolescência exige e, um pouquinho mais tarde, os textos que a universidade e o trabalho reivindicam, o mais natural é que a nossa máquina perfeita, o cérebro, registre um "reiterado desprazer" ao compor textos. Com o passar do tempo, ouvimos as duas frases mais comuns, quando perguntamos se a pessoa escreve com facilidade:

— Eu detesto escrever!

— Eu sei que preciso escrever melhor, mas não há nada que me faça gostar disso!

A explicação, caro(a) amigo(a), é bem simples. A porção--chefe do cérebro padronizou decisões. O resultado meramente matemático disso é a repetição e o reforço ininterrupto da crença "eu não gosto de escrever".

Para agravar ainda mais, é comum que os meus clientes tentem usar o lado esquerdo do cérebro para cumprir tarefas que só poderiam ser cumpridas pelo lado direito. Quer um exemplo clássico? A pessoa precisa escrever um artigo ou um livro e vai logo "estruturando o esqueleto", definindo título, índice e, em seguida, tenta criar o texto com base nessas linhas métricas, o que me faz perguntar a você, que certamente já está entendendo essa divisão das tarefas neurológicas:

Não é injusto exigir que a porção criativa do cérebro seja refém de títulos ou índices? Mais que injusto, é quase criminoso fazer a porção criadora ser submetida àquilo que o título ordena. Vou lhe fazer uma proposta que destoa das estratégias um dia ensinadas pelo professor. Preste muita atenção nessas três advertências que farão toda a diferença:

1) Deixe os títulos e os subtítulos para o fim. A porção-chefe do cérebro os define "de cara" por entender que "manda" na porção-líder e, no fundo, ambas são partes da mesma essência. Isto é, quem manda é você, que decide;

2) Simplesmente crie, dê asas ao processo de imaginar. Deixe o texto fluir ao sabor das ideias, por mais ridículas que pareçam. As melhores ideias estão escondidas dentro de uma caixa "ridícula" que o lado esquerdo do cérebro combate, a fim de evitar que você "passe vergonha";

3) Silencie as críticas que surgem a cada palavra escrita. São advindas da porção-chefe que tenta dissuadir você do conteúdo inusitado.

A obra que está em suas mãos aborda os tempos em que os chefes se foram para dar lugar aos líderes. Então, a pergunta surge, implorando por respostas: que tal, no caso do cérebro, se aprendêssemos a conviver com as duas porções? Obviamente, precisamos de uma função líder para o propósito de criar, que nada tenha de ditatorial e muito possua de permissiva e flexível.

Não ofereço, no entanto, uma perspectiva científica. Os argumentos que lhe entrego são uma provocação de natureza filosófica, pois penso que toda criação depende da liberdade, da independência e da permissão.

Leonardo da Vinci se destacou em mais de dez áreas. A porção-chefe de seu cérebro imperava ou a porção-líder o permitiu criar com tanta genialidade? José Saramago, vencedor dos prêmios Nobel e Camões, tinha por hábito escrever com tamanha liberdade que sequer as pontuações completas eram utilizadas. O renomado escritor adorava usar a vírgula como base de tudo. Se fosse guiado por sua porção-chefe, teria se consagrado?

De Leonardo da Vinci a José Saramago, dos atletas medalhistas aos grandes músicos, todos se deixaram levar pela porção-líder. Não que a porção-chefe deva estar ausente. É essa porção rigorosa que nos faz disciplinados, diligentes e incansáveis. Para as funções de cobrança, austeridade e seriedade, nossa porção-chefe é perfeita. Porém, criar textos, inventar coisas e ousar ir além são atributos da porção-líder e ao confundir essas porções, qualquer ação terá resultado igualmente confuso.

Assim dito, você deve ter reparado que eu teci uma analogia para lá de audaciosa, onde o lado esquerdo do cérebro é o chefe e o lado direito, o líder. O primeiro, austero e o segundo, flexível. E sob essa ótica criativa, a era chefe não chegará ao fim, mas é evidente que o lado esquerdo do cérebro, embora chefão, não tem nenhum poder criativo.

As pessoas me perguntam se é possível criar e escrever um livro a respeito das suas vivências. Esclareço e aproveito para separar as demandas:

Contar a própria história no sentido biográfico – nesse caso, atente-se ao instante que você está vivenciando. Por exemplo: hoje, tenho 43 anos. Seria precoce escrever as minhas memórias, pois imagino que ainda tenho muito a viver e criar. A decisão de uma biografia pode ser adotada aos 65, 70 anos, no caso dos homens. Ou 60, 65 anos, para as mulheres. Desse modo, além de observar a expectativa de participação profissional, ainda temos a vantagem de acumular muitas experiências e legar uma história ainda mais agregadora, em termos de abrangência.

Contar a própria história no sentido romântico – esse expediente atende aos que desejam escrever uma parte de sua história, narrar um *case* pontual ou usar o livro como ferramenta de divulgação do trabalho. Por exemplo: eu atendo palestrantes, *coaches*, treinadores comportamentais, médicos, professores e profissionais de áreas diversas que querem abrir o jogo, revelar as eventuais dores da infância, o sucesso do presente e a expectativa de futuro. Para esse perfil autoral, ajudo a compor uma narrativa que explore personagens e circunstâncias que, em vez de biográficas, são mais pontuais, conectadas ao que a pessoa vivencia e deseja ensinar. Além disso, a construção deve conter elementos românticos, poéticos e bem-humorados, sem os quais, toda obra pode ser "chata". Essa é a dica: em vez de contar a sua vida desde criança, foque no *case*, abra uma fração de sua história e ofereça um prazeroso entretenimento.

Contar a história de alguém – vamos supor que você queira honrar a história de superação dos seus pais já falecidos. Duas receitas se encaixam. Se a história há de constranger a memória familiar, você pode usar personagens fictícios. E, do contrário, se é algo que não gera prejuízo aos pais e desde que a repercussão dos fatos não comprometa a vida de terceiros, não há nenhum problema em revelar a identidade verdadeira, desde que você e os envolvidos concordem.

Como usar a excelência textual

Agora que você já sabe, no cérebro, quem é chefe, quem é líder e como cada um deles funciona, por meio de exemplos, vou registrar como usar a arte da escrita em seus textos. São pequenos detalhes que mexem com toda a estrutura. Confira:

Antes
E se você tivesse tido educação especial desde pequeno?
Depois
E se você tivesse recebido educação especial desde pequeno?
O que mudou
1) "Tivesse tido" é um crime textual com o verbo "ter" e foi reparado.

Antes
Vou explicar com minha própria trajetória de vida. Antes mesmo de buscar pela realização do sonho da casa própria...
Depois
Vou explicar por meio da própria trajetória de vida.
Antes de realizar o sonho da casa própria...
O que mudou
1) A expressão "minha própria" pode cair, ou você já viu "minha dele"?
2) O resumo estratégico transformou "antes mesmo de buscar pela realização" em apenas "antes de realizar".

Antes
Ao ganhar o cargo, estaremos praticando o ato de liderar;
Depois
Ao ganhar o cargo, praticaremos o ato de liderar;
O que mudou
1) Repare que o texto original trazia o uso indevido do "gerundismo de *telemarketing*", suavizado pela conjugação correta.

Antes
Costumo dizer aos meus amigos, colegas e alunos para sempre sorrirem. Mas, este sorrir não é simplesmente mostrar os dentes. Uma vez que você desprende a atenção necessária para alguma coisa, basta pensar o que de melhor pode tirar nessa circunstância e sorrir.

> **Depois**
>
> Costumo dizer aos amigos, colegas e alunos que é possível sorrir sempre e não me refiro, pura e simplesmente, a mostrar os dentes. Uma vez que dedicamos a necessária atenção ao semelhante, basta pensar naquilo que melhor podemos absorver e, de alguma maneira, sorriremos com a alma.
>
> **O que mudou**
>
> 1) Se a pessoa "costuma dizer", só pode ser aos amigos dela e por isso, "meus" pode cair (imagine uma obra de 600 páginas carregadas dos vícios de pronome seu/sua ou meu/minha. Aliás, é por isso que desistimos de livros que pareciam muito bons);
>
> 2) No original, "tirar" sugeria "roubo" e "absorver" resolveu o problema;
>
> 3) A mais grave intervenção: se o autor está falando sobre pessoas, a continuação não pode sugerir "alguma coisa", pois desumaniza a reflexão.
>
> 4) Na reconstrução, "sorrir com a alma" aprofundou e romantizou a reflexão.

Qual é a solução definitiva?

Como você pode conferir, os detalhes fazem toda a diferença. Se a porção-chefe que reside em seu cérebro, lógica e racional, se encarregar do processo criativo, esses e muitos outros erros farão parte de seu texto, pois toda obra carrega uma parte do nosso estado de espírito durante a criação e toda reflexão escrita reflete aquilo que o coração sente. Logo, se esse "coração" está desligado e somente a "razão" está conectada ao texto, há de resultar em um material chato e cansativo.

A primeira parte da solução magna foi conferida; a liberdade. A segunda, entrego agora, antes de me despedir:

Transcrição

Caso esteja difícil escrever, grave o conteúdo. Em seguida, escute e transcreva aquilo que você gravou. Ouça os próprios argumentos, se familiarize com a transformação dessa fala em texto.

Ato contínuo, procure inserir personagens, filosofia, romance, lugares e ludicidade ao que estiver transcrito. Aos poucos e sem dor, você terá um livro bem escrito em mãos. Enquanto cumpre essa etapa de inserir fatores, pessoas e circunstâncias, lembre-se de preencher três critérios para que a porção-líder do cérebro identifique como prazer, no lugar de tarefa:

1) Ouça boa música enquanto compõe histórias. A porção-líder do cérebro adora. Mas, tenha cuidado para que o volume do som não ultrapasse o volume de seus pensamentos. Posso sugerir música clássica, celta, indígena, *new age*, rock e instrumental;

2) Transforme algo na percepção visual do espaço onde você escreve. Reduza ou aumente a iluminação, troque de lugar pequenos objetos de decoração, abra ou feche as cortinas ou o que preferir;

3) Tenha sempre uma fragrância diferente no ar, pois a criatividade também é despertada pelo olfato: vela aromática, incenso, deflagradores automáticos ou o que preferir, desde que seja novo. Por fim, vou revelar a razão desses três cuidados. Em geral, as pessoas escrevem no mesmo espaço em que pagam contas ou cuidam da rotina. Tratar o processo criativo como mais um item da rotina é o mesmo que condená-lo a não existir.

"A criação e o desprazer se recusam a ocupar o mesmo espaço. Ninguém cria por obrigação. No máximo, cumpre uma tarefa que vai gerar mediano resultado."

Respeite a porção-chefe, valorize a porção-líder e se precisar de mais um cérebro textual-criativo para ajudar a transformar a sua história em legado, me chame e vamos juntos!

O bloco triplo da liderança

A exemplo do que acontece na construção civil, a liderança também é construída em blocos. Ofereço a você os meus blocos, com exemplos da liderança exercida no comércio varejista e lições extraídas da vida real, do treinamento de equipes, do convívio com a família e do time que sempre tive a satisfação de liderar. A informalidade, você perceberá, é um ótimo alicerce para a estrutura da liderança

Edinho Barbosa

Edinho Barbosa

Empresário do ramo farmacêutico há mais de 20 anos, Edinho Barbosa é formado em Administração com Especialização em Gestão de Negócios. Acumula considerável experiência em palestras, treinamentos e consultorias, com atuação marcante e mais de 99% de aprovação em empresas como Volvo, Eletrobras, Honda, Unimed, Claro, Baterias Pioneiro, Mustang Sally, Renault, Farmácias Morifarma, Utildrogas, Elevacar, Tropical Banana, Laboratório Nova Química e Eurofarma Genéricos. A resumir os seus estudos alternativos: Ex-instrutor Dale Carnegie - Relações Humanas, Liderança e Comunicação Eficaz. *Master Coach* pela Sociedade Brasileira de Coaching. Possui as certificações *Executive Coaching, Personal & Professional Coaching, Business Coaching Executive* e *XTreme - Positive Coaching*, todas pela Sociedade Brasileira de Coaching. *Practitioner* em PNL pela Sociedade Brasileira de PNL. Formação em Hipnose pelo Instituto Brasileiro de Hipnose. Formação em Treinamento Comportamental pelo IFT - Massaru Ogata.

Contatos
edinhobarbosa.com.br
contato@edinhobarbosa.com.br

A liderança é construída em blocos, como na construção civil. São mais de 13 anos como treinador comportamental, além de exercer a liderança empresarial no setor varejista. Se há uma coisa que aprendi no período e posso compartilhar, de forma simples e direta, é que os líderes que buscam resultados positivos e impactantes devem pensar em três blocos, conforme a metáfora de construção que ofereci.

Bloco 1 – relacionamento

Líder de verdade está sempre atento aos seus relacionamentos, enquanto aqueles que só desejam ser líderes, não conseguem passar dessa fase e não entendem que, para se relacionar bem, é preciso "se desapegar de si", se entregar pelo próximo e se tornar verdadeiramente interessado pelo outro.

Gosto muito quando chego em minha loja para aquele bom momento de "um ou dois minutos com cada integrante do time". As minhas perguntas são variadas e de interesse genuíno:

- Como estão as coisas?
- Como estão os seus familiares?
- Como está a sua vida?

Não faço isso por tarefa ou obrigação, mas por entender que é importante conhecer cada pessoa que trabalha comigo, doar atenção ao outro, demonstrar carinho e atenção. Mas Edinho, você só faz isso com as pessoas do seu time?

É claro que não. Para mim, esse interesse vem de dentro. Com cada ser humano que tenho o privilégio de conviver, posso aprender um pouco mais, a partir de sua história. Isso para mim é uma filosofia de liderança. Alguns colocam até mesmo como filosofia de relacionamento, e concordo plenamente, pois relacionamento é um pilar da liderança. E, sim, tem hora que não dá (falta tempo), que não quero, que estou focado em outras coisas e preciso passar direto aos afazeres. Mas, o sentimento é sempre positivo. Se não posso interagir, pelo menos procuro dar um cumprimento cordial o bastante para fazer as pessoas se sentirem bem com a minha imagem e presença.

Acredito que sem um elevado nível de relacionamento não se pode ser líder, apenas chefe. Alguns líderes ainda vivem com medo de ter um relacionamento muito próximo com os seus liderados e acabar "perdendo autonomia e respeito". Lego engano. Para mim, é exatamente o contrário: quanto melhor a relação com o time, mais liberdade e facilidade para delegar, cobrar ou corrigir uma rota.

Bloco 2 – conhecimento

Um líder moderno, se é que posso chamar assim, é antenado, está "acordado para a vida". Isso significa conhecer, ao máximo, o que puder e, acima de tudo, saber usar a informação a seu favor.

Algumas pessoas vão dizer que é impossível saber de tudo, conhecer cada departamento, pessoa ou circunstância que existe ou possa existir em seu segmento. Então vamos por partes. Primeiro, é mesmo impossível saber de tudo, mas é sim possível saber além do básico a que alguns se propõem.

Aí é que está o pulo do gato, o instante em que você pode se destacar. Para entender isso de forma simples, aí vai um exemplo. Lembro-me que um dia estávamos no clube, onde jogo tênis. A esposa de um amigo chegou dizendo que tinha acabado de ver uma coruja linda, perto dali, no passeio público, que é como um "mini zoo" ao centro de Curitiba. Como o clube fica a 100 metros, resolvi ir até lá com a família. Não estávamos achando a coruja. Ao parar e comprar uma pipoca, resolvi puxar conversa com o pipoqueiro, e perguntei se ele vira a tal coruja. Para o meu espanto, ele, que trabalhava ali há quase 20 anos, respondeu:

— Eu só vendo pipoca!

Isso quer dizer que o vendedor estava há tanto tempo no lugar sem vislumbrar nada do entorno, sem conhecer os clientes, sem notar o horário em que alimentavam os macaquinhos. Nada. Como líder do próprio negócio, o vendedor estava ali de corpo presente e alma ausente.

E segundo: se não souber de tudo o que é necessário, procure ao menos saber quem sabe, como a personagem Miranda, do filme *O Diabo Veste Prada* que tinha a sua secretária Andy, moça que sabia tudo o que a chefe não sabia. Se você assistiu ao filme, bem sabe que Miranda é uma chefe das piores, grosseira, que mostra como um líder não deve tratar o seu time. Por outro lado, especificamente no exemplo que dei, Miranda foi assertiva, pois tinha ao seu lado alguém de melhor memória que ela, com as informações necessárias.

Para pensarmos em um "meio termo", digo a você que deseja ser líder moderno, atual, com foco em crescer e se destacar: melhore ao máximo o seu nível de relacionamentos e busque conhecer o seu ambiente de trabalho, as pessoas com quem se relaciona, os clientes, os concorrentes, o mercado. E quanto àquilo que não souber, seja amigo e esteja próximo de quem sabe. Isso é ser inteligente, é ser líder.

Bloco 3 – Foco no resultado com leveza

Não é só uma característica de líderes, mas de absolutamente qualquer pessoa que pense em ser bem-sucedida na vida e que, por isso, acaba se tornando líder de si.

Foco no resultado prevê metas e objetivos. Antigamente, até se permitia sair de casa sem ter aonde ir, sem um propósito final, mas o tempo passou. Hoje, precisamos saber exatamente aonde queremos chegar, para todos os dias construir um pedaço desse caminho. Digamos que você tenha o objetivo de morar fora do país. Quais metas precisa colocar em sua vida para chegar lá?

- ✓ Conhecer bem o local;
- ✓ Identificar hábitos e costumes;
- ✓ Aprender um novo idioma;
- ✓ Providenciar os documentos necessários;
- ✓ Guardar dinheiro;

São vários detalhes que fazem parte do plano. Diariamente, uma etapa do resultado deve ser edificada. Do contrário, talvez a mala jamais seja feita.

Como líder, mais do que nunca é preciso focar no resultado macro, com olhos fixos no resultado de seus liderados, de seu time, de cada pessoa que faça parte do negócio.

No time de vendas, o líder deve ter foco para fazer com que cada membro entregue o resultado esperado, para que a somatória alcance o resultado macro. E como esse líder deve atuar?

Acompanhando cada um entendendo as características, as forças, fraquezas, os pontos a melhorar, enfim, as necessidades nos campos pessoal e profissional. Um vendedor precisa de competências como ser humano e como vendedor. E se o líder não estiver próximo, nunca irá descobrir, muito menos apoiar o seu liderado. É preciso um trabalho em conjunto, onde o liderado confia no líder a ponto de revelar suas fraquezas e pedir apoio (lembrando, é claro, que essa confiança deve ser uma via de mão dupla).

Para conquistar essa confiança e manter os relacionamentos acima da média, o líder deve ser um facilitador e manter-se o mais próximo possível, saber conduzir as coisas com leveza, delegar e cobrar com essa mesma característica. Isso faz com que cada um se estimule a entregar o máximo resultado. Cada vez mais, precisamos estimular a pessoa do time a ter atitudes e comportamentos nobres, a se transformar em líder de si, capaz de encontrar meios para alcançar os objetivos.

O critério de nunca perder o foco no resultado faz com que nos blindemos daqueles grandes medos de perder a confiança ou a autoridade sobre o liderado. Isso porque as coisas ficam bem claras. Eu preservo um estilo de liderar bem livre. Busco o resultado, brinco com a equipe, me divirto à medida em que as coisas também estão fluindo em direção ao objetivo final.

Nesse caso, o líder precisa ter habilidade, saber brincar, saber ser leve e aceitar o que vem da outra parte também, ou tudo pode ser perdido. Minha equipe tem a confiança e a liberdade de ir e vir nesse sentido, mas se um belo dia eu caio na armadilha de não aceitar a brincadeira, como quem diz "olha o respeito, sou seu chefe" acaba qualquer possibilidade desse tipo de liderança com leveza. Que fique claro: esse é só um tipo de liderança, é só uma característica de liderar, não é única, mas certamente funciona muito bem.

Cada bloco tem sua importância para sustentar o todo. Desde crianças, somos estimulados a viajar por esses blocos. Nossos pais nos levam a encontros com amigos e estimulam que os filhos brinquem e interajam com os filhos de seus amigos. Dia desses, convidei um casal de amigos e suas duas filhas para virem em casa comer uma *pizza*. Foi a maior alegria ver nossos filhos se divertirem. Noite super agradável, mas o ponto alto foi o comentário de ambos sobre os filhos terem se dado tão bem.

Seguindo esse raciocínio, também procuramos ensinar ao máximo e também sentimos imenso orgulho quando contamos o que os filhos aprenderam ou, melhor ainda, observamos uma amostra do novo aprendizado.

O triste é que, por alguma razão, que não sei qual, com o passar do tempo, isso é deixado de lado. Os pais deixam de estimular os relacionamentos como bases de um líder. O ensino e o conhecimento passam a ser tarefas pesadas e até chatas. Crianças e adolescentes passam a fazer tudo o mais rápido possível para se livrarem da tarefa e ainda pior: sem esse relacionamento de liderança entre pais e filhos, sem amor, carinho, respeito e união, filhos crescem distantes de seus pais, a ponto de os enxergarem como rivais, e buscarem referências fora de casa, já que não enxergam um objetivo, de acordo com o que pensa o "líder maior" da família para os seus liderados.

Senti isso na pele há alguns anos. Meu filho Rafa se criou longe de mim até os seus 16 anos. Teve toda a sua referência dissociada dos meus valores. E quando veio morar próximo de mim, a nossa convivência aumentou, mas os conflitos também. Foram dias quase insuportáveis. Imagine, eu, treinador comportamental tendo que enfrentar um dos maiores desafios; liderar o próprio filho. Graças a Deus, foram dois anos que passaram rápido e, aos poucos, Rafa e eu nos tornamos grandes amigos. Hoje, vivemos uma vida harmônica. Ele entendeu que a minha cobrança carregava o propósito de ver o seu crescimento. Eu entendi as suas demandas e a relação evoluiu.

Este exemplo é só para você entender que, como líderes, vamos errar, mesmo desejando o melhor que pudermos para as pessoas que estão ao nosso lado. Mas, se não conseguirmos mostrar o futuro, o objetivo final, certamente os nossos liderados poderão se perder. Assim que Rafa e eu chegamos a um denominador comum de propósito e crescimento, passamos a nos apoiar e crescemos juntos. Filho feliz por ter encontrado um caminho, pai feliz por ter eliminado as preocupações.

Assim como um pai deve se adaptar à linguagem e ao perfil de seus filhos para haver melhor convívio e poder influenciar positivamente, o líder deve se adaptar aos seus liderados para ganhar a confiança e servir como referência. Se eu perguntar quem são seus melhores amigos, os seus melhores clientes, ou as pessoas em quem mais confia, as respostas talvez sejam:

— Aqueles que pensam parecido comigo.
— As pessoas cujos valores batem com os meus.

Então, vamos refletir: quanto mais eu me adaptar às pessoas que estão ao meu lado, aos que lidero, mais fácil será a convivência, mais fácil será obter a colaboração e o compromisso pelo resultado, seja no ambiente de trabalho ou no lar.

"Líderes perdem o seu time e pais se distanciam dos filhos por falta de flexibilidade."

Na minha percepção, o peso do título ou o rótulo de chefe só serve à origem real da palavra *Chef* (de cozinha, em francês) ou para brincar com a equipe, como tenho o hábito de fazer, com cartas e mensagens positivas, em que finalizo: Ass. Chefe.

Eu lidero times desde 2000, e me orgulho muito de jamais ter enfrentado um problema com integrantes do meu time. Sempre busquei o diálogo, a conversa franca e a máxima dose de informalidade.

Isso mesmo, sem o peso de uma liderança austera, sem aquela percepção de alguém mandando, coordenando, impondo ou orientando; caminhando no sentido de apoio mútuo.

Gosto de me colocar lado a lado com cada integrante de meu time, alterando a perspectiva hierárquica: em vez de vertical, horizontal. Muitos líderes não entendem como a liderança pode ser simplificada sem o peso da formalidade. Pense:

Uma das características mais presentes na sociedade é a carência. O nosso semelhante se fecha em seus celulares, *tablets* e computadores, usando redes sociais que precisam atualizar para entender o que está acontecendo no mundo. Mas, isso também faz com que as pessoas substituam o calor humano. E podemos dizer que isso reflete uma grande oportunidade para treinarmos a nossa liderança.

O olho no olho, o abraço, o aperto de mão e a conversa presencial, parece que foram adormecendo e, com isso, as pessoas vivem por dar desculpas, dizem que não têm tempo. De verdade, algumas nem sabem como fazê-lo, a não ser por meios digitais. Além disso, as pessoas não têm encontrado tempo para conviver. As reuniões presenciais, por isso ou além disso, tornaram-se mais formais, com menos *rapport*.

Líderes passam a ser apenas chefes quando inexiste o calor humano, o contato, a alegria de conviver (em vez da obrigação de estar ao lado da pessoa oito horas por dia). Quer resultados em sua jornada como líder?

✓ Quebre um pouco da formalidade,
pois o mundo já é protocolar o suficiente;
✓ Lidere os filhos, abra-se para o diálogo e
saberá como liderar na empresa;
✓ Tenha interesse verdadeiro por cada integrante da equipe e
bloco a bloco, eles te ajudarão a construir uma obra digna de orgulho.

Líder busca o melhor. Chefe desiste quando "está bom assim"

Existem diferenças conceituais e pragmáticas entre o chefe, cuja era chega ao fim; e o líder, que vive a vanguarda de sua função. Proponho o contato com temas relevantes que norteiam o trabalho desses dois profissionais: perspectiva financeira; comprometimento; propósito e paixão; respeito e responsabilidades essenciais; planejamento; atitude; autodisciplina; qualificações. Vamos analisar...

Edward Cláudio Júnior

Edward Cláudio Júnior

Administrador de Empresas. Educador e Consultor Financeiro. Palestrante. Graduado em Matemática – Univ. São Judas Tadeu (USJT). Pós-Graduação em: Administração de Empresas – USJT; Planejamento Tributário - Uni-FMU; em Educação Financeira - UNIS/DSOP. Formação de Treinador pelo IFT – Instituto de Formação de Treinadores. Certificação CPA-10 – ANBIMA. *Executive Coach* – Net Profit– CAC (Center for Advanced Coaching). *Master Coach* Financeiro – Instituto Coaching Financeiro. Diretor Financeiro da ABEFIN (Associação Brasileira de Educadores Financeiros) de 2012 a 2017. Voluntário ONG Amigos do Bem. Sócio da MACRO4 Treinamentos Corporativos. Certificação do EMPRETEC – Sebrae. Coautor dos livros: *Soluções financeiras* – ICF; *Estratégias de alto impacto* – Editora Literare Books; *Independência financeira ao alcance das mãos* – DSOP. Idealizador do Programa "A Chave do Sucesso". Até 2018, realizou 525 palestras e 319 treinamentos com os temas Educação Financeira e Empreendedorismo.

Contatos
www.macro4.com.br
edward@grupomcr.com
(11) 98130-0584

Sou educador financeiro, o que me leva a iniciar este texto com uma breve abordagem sobre este relevante e espinhoso tema. A visão-chefe pode prejudicar as finanças da empresa ou do negócio e as perguntas efetivas ajudam a entender o estilo que adotamos na vida financeira e o estado atual, seja ele doloroso de admitir ou digno de celebrar.

Nas questões financeiras, você é líder ou chefe?

Sua vida é pautada para ter dinheiro ou utilizar dele para realizar sonhos, objetivos pessoais, familiares, profissionais e, quem sabe, até contribuir com os sonhos de sua equipe?

O seu foco está na busca incansável pelo dinheiro ou na realização daquilo que ele pode proporcionar?

Como está sua vida financeira hoje? Numa escala de 0 a 10, que nota você daria? Faça uma reflexão franca: suas atitudes e escolhas financeiras estão em equilíbrio com as demais áreas da vida?

Como as pessoas ao redor - familiares e liderados - estão sendo beneficiadas por suas escolhas e ações?

Os resultados que tem obtido da sua equipe estão beneficiando a todos, ou apenas uma das seguintes partes: a empresa, os colaboradores, você?

Se as metas e objetivos a alcançar forem importantes apenas para você (chefe) ou para a empresa, não contemplando os colaboradores, os resultados até virão em curto prazo, mas em médio e longo ficarão comprometidos por falta de sustentabilidade para manter o desempenho das pessoas.

Quando uma empresa não alcança bons resultados, podemos destacar alguns fatores determinantes: falta satisfação entre os colaboradores, orientação, propósitos, informações gerais, cooperação, compreensão, empatia e servidão. Essas ausências são frutos da deficiência na gestão de pessoas e se um novo processo de gestão com a liderança servidora não for colocado em prática, a continuidade da empresa pode sofrer um abalo.

Nas empresas que operam com sustentabilidade e alcançam objetivos, podemos destacar estratégias muito bem definidas, comunicação clarificada e especificada entre as metas e os objetivos, reconhecimento e recompensa por parte da liderança e trabalho em equipe.

Na contramão, chefes pensam apenas em resultados de curto prazo e cobram dos subordinados um comprometimento que nem eles são capazes de assumir, o que nos leva a refletir acerca deste tema com maior abrangência.

Comprometimento: está bom assim?

Todo líder necessita de recursos financeiros e humanos, mas essa característica merece prioridade. Quando o líder demonstra estar comprometido com a missão e os objetivos da organização, os demais recursos sempre surgem. Assim que o líder de fato se compromete, uma série de acontecimentos começa a fluir em prol do objetivo. As pessoas se mobilizam e todos os recursos disponíveis começam a ser utilizados com assertividade e otimização, o que explica as razões pelas quais os profissionais comprometidos encurtam o alcance das metas.

Bons líderes fornecem exemplos de comprometimento antes de pedir que outro o faça, enquanto chefes falham em tomar boas decisões, revelam falta de comprometimento, mostram foco disperso, procuram desculpas, evitam mudanças e adotam o lema "está bom assim".

Líderes são comprometidos com o trabalho e a equipe, planejam e mantêm o foco no desempenho, encontram soluções para os desafios, mudam a estratégia quando necessário e seu lema é "podemos fazer melhor".

Como se pode aferir, as diferenças entre líder e chefe são incontáveis. Contudo, uma chama a atenção:

"Quem assume atitude de líder pensa naquilo que pode proporcionar às pessoas. Quem assume atitude de chefe pensa somente naquilo que as pessoas podem fazer por ele."

Quando os liderados percebem uma atitude de líder, se comprometem mais com as causas da empresa, o que proporciona melhores resultados à ascensão na carreira, ao campo financeiro, ao desempenho, à otimização de recursos e ao clima organizacional.

"Líderes são doadores e não receptores. Não guardam débitos das pessoas, apenas continuam doando. Verdadeiros líderes servem, ajudam a solucionar problemas e salvam causas."

O líder sabe de quais recursos dispõe antes de desenvolver planos e determinar estratégias. E não me refiro apenas aos recursos financeiros, mas evidencio principalmente os recursos humanos. A empresa pode dispor de todos os materiais, equipamentos e dinheiro para executar um projeto, mas sem uma equipe de colaboradores engajados, dificilmente alcançará o objetivo almejado. Além disso, grandes somas podem ser gastas sem o devido retorno, ocasionando prejuízos irreparáveis.

O líder que serve sabe aguçar nas pessoas o melhor, proporciona o desenvolvimento da equipe e domina a natural habilidade de mantê-la motivada para conquistar metas e maximizar recursos. Ele sempre acha uma maneira de ajudar a equipe a vencer e a guia para que aflore suas capacidades:

1. Percebe uma necessidade por meio do foco no problema específico e encontra nas pessoas competências para a tratativa;

2. Comunica a visão com visível paixão para agir e consegue, por inspiração, persuadir a equipe para se unir à causa;

3. Persegue um propósito empregando medidas justas para alcançar o alvo desejado e se recusa a lançar mão da ética;

4. Quando decide algo, fornece orientações claras e específicas.

O propósito e a paixão

Os líderes projetam paixão em sua visão, criam uma atmosfera de expectativa entre as pessoas e possuem, sem exceção, um equilíbrio trino.

1. Senso de destino – comunicam o senso de futuro que desejam alcançar. Assumem, sem hesitar, aquilo que estão destinados a cumprir;

2. Senso de família – a exemplo de como se comportam em família, na empresa atuam juntos para realizar a visão, dividindo méritos e revisando empecilhos;

3. Espírito motivacional em massa – convoca todos ao engajamento para buscar a visão.

Respeito

As pessoas aceitam primeiro o líder, antes de aceitarem qualquer causa. Por isso, o profissional deve atribuir-se de responsabilidades especiais.

1. Respeitar a si e às pessoas com quem trabalha

A obtenção do respeito alheio sempre começa pelo respeito por si e pelos colegas. É preciso desenvolver um conjunto próprio de valores e crenças antes de entrar no território novo e desconhecido que representa um time corporativo;

2. Exceder as expectativas alheias

Líderes que conquistam o respeito percorrem um trajeto extra, lutam para alcançar vitória e levam outros consigo. A liderança deve ser proativa e não reativa, além de prover as condições para um futuro sustentável;

3. Seguir firme nas convicções

Seguidores respeitam o líder que possui convicção e associam-se à sua jornada. Para retribuir, líderes devem lembrar a visão constantemente à equipe, renovar a perspectiva, a provisão, os propósitos e princípios;

4. Possuir segurança e maturidade incomuns

Reconhecer aos que ajudam a vencer não é opcional, líderes respeitados não temem que o colaborador "tome o seu lugar", não assumem todo o crédito e dividem o quanto podem. Afinal, quem tem medo de perder cargo e regalia é chefe;

5. Experimentar o sucesso pessoal

O desapego pelo sucesso não inspira times nem rompe limites. Líderes não podem ajudar os outros a usufruírem do sucesso, a menos que o tenham obtido;

6. Tornar possível o sucesso dos outros

Além de conseguir o sucesso pessoal, conduzir os liderados ao sucesso e interceder primeiramente pela equipe é o recurso que fecha a cartilha do respeito em sua mais ampla abordagem servidora.

Planejamento

Líderes eficientes têm esta essencial habilidade e sabem que sem planejar, os objetivos ficam mais difíceis e mesmo que sejam alcançados, terão o custo (financeiro, material e de recursos humanos) muito maior. Planejando, seguem as seguintes ações:

1. Determinam o propósito principal, o objetivo a ser alcançado, sem indecisão, por meio de orientações claras e específicas;

2. Fazem gestão do tempo e dedicam-se a organizar ações necessárias;

3. Avaliam a situação. Entendem onde se encontram e criam estratégias a fim de chegar ao objetivo proposto;

4. Priorizam necessidades e verificam se a equipe está de acordo com as metas mais importantes;

5. Estabelecem metas precisas, realistas, mensuráveis, relevantes e com prazos definidos para execução;

6. Comunicam as metas de forma simples e acompanham se a equipe realmente compreendeu. Esta comunicação conecta planejamento e implementação;

7. Identificam possíveis obstáculos e traçam planos para superá-los, minimizando os impactos para a conquista do objetivo;

8. Orçam tudo que é possível. Determinam custos e data-limite do projeto;

9. Monitoram resultados parciais, corrigem rotas para progredir, ajustam os métodos sem jamais comprometer as próprias convicções ou princípios;

10. Reconhecem a importância de todos no processo e compartilham o sucesso alcançado.

Atitude

Atitude positiva é o primeiro passo consciente para tornar-se um líder que sabe fazer a diferença. Liderança bem-sucedida não pode ser construída sem usar blocos importantes na edificação:

1. Nossa atitude determina a visão de vida;
2. Determina o relacionamento com as pessoas;
3. Muitas vezes, é a única diferença entre o sucesso e o fracasso;
4. No começo de uma tarefa, afetará mais o resultado do que qualquer outra coisa;
5. Pode transformar problemas em bênçãos.

Chefes não formam outros chefes. Líderes escolhem e formam novos líderes. Chefes centralizam. Líderes delegam poder e autoridade aos liderados. Chefes omitem informação. Líderes disponibilizam experiências e oportunidades para aplicação no dia a dia. Chefes dissimulam. Líderes encorajam e afirmam a admiração pelas ações dos liderados.

Autodisciplina
Antes de liderar, é preciso liderar-se pela autodisciplina. E você, pode afirmar que tem? Vou elencar algumas soluções para este importante atributo.

1. Identifique e siga prioridades. Todos os líderes são pressionados pelo tempo, mas os bem-sucedidos têm um plano. Determine o que, de fato, é prioridade e liberte-se do restante. Essa é a essência da autodisciplina;
2. Faça do estilo de vida disciplinado um alvo da constância ao invés de algo pontual. Deve tornar-se um estilo de vida e uma das melhores maneiras é desenvolver sistemas e rotinas, especialmente nas áreas cruciais para o crescimento de longo prazo;
3. Desafie os próprios pretextos. Elimine a tendência de oferecer desculpas. Se você consegue citar várias razões pelas quais não consegue ser autodisciplinado, conscientize-se que são exatamente elas as barreiras para o sucesso.

Grandes líderes não negociam convicções, ordens diretas ou conjunto de valores, não comprometem a missão e a integridade, cumprindo este voto a qualquer custo.

Qualificações que os seguidores esperam dos líderes servidores
1. Chamado – poucas coisas são tão marcantes quanto o chamado claro do líder rumo à ação. Por exemplo: o líder que conclama o fim da crise;
2. Intravisão – as pessoas respeitam o líder que tem sabedoria para enxergar além do óbvio, dos padrões e de hoje. Por exemplo: o líder que projeta o crescimento de uma década;
3. Carisma – líderes devem fazer as pessoas sentirem-se bem a respeito de si e do trabalho que executam. Por exemplo: inserir no grupo os mais reservados;
4. Talento – a indústria do entretenimento é prova irrefutável

que os seguidores se aglomeram em torno do talento. Por exemplo: o filme, a música ou o líder que já mudou a sua vida;

5. Habilidade – há uma atração natural por quem consegue realizar coisas de maneira notável. Por exemplo: o líder que sempre atinge feitos inéditos;

6. Capacidade de comunicação – a aceitação da equipe, o chamado e a visão carecem desta qualidade. Por exemplo: o líder que faz reuniões prazerosas e produtivas;

7. Caráter – exigível para vencer e manter a confiança, habilita o líder a fazer o que é certo, mesmo quando é difícil. Por exemplo: o líder que se recusa a pagar propina no processo comercial e, mesmo assim, consegue vender.

Líderes eficientes são sinceros, não prometem o que não possam cumprir. Esquecem benefícios próprios e concentram-se nos alheios. Demonstram empatia e conciliam os benefícios com os desejos da outra pessoa.

Como enfatizei, são abismais as diferenças entre as características dos líderes servidores e dos chefes. O chefe, geralmente, não consegue fazer cada integrante da equipe ver significado nas atividades profissionais ou sentir-se importante. Dificilmente desperta nos colaboradores o melhor que podem fornecer e o resultado disso talvez se reflita na seara financeira da empresa, quiçá comprometa médio e longo prazo, com prejuízos aos sócios, funcionários, familiares e à comunidade. Pense, planeje, defina ações e prazos para mudar a sua forma de liderar e alcance resultados extraordinários. Seja líder servidor e tenha uma verdadeira equipe ao seu lado. Eu lhe servi educação financeira no início do texto, critérios da liderança ao meio e, para finalizar, desejo que você alcance sucesso, grandes realizações pessoais e profissionais!

Faça contato. Sempre terei disponibilidade, paciência e entusiasmo para servir...

10

A tríade da liderança transformadora: servir, empoderar e realizar

Líderes deixam marcas profundas, fazem a pessoa liderada sentir-se especial, talentosa e valorizada. Já os tais chefes formam soldados e operários da mediocridade. O tema vai além das organizações; alcança a vida e as atitudes diárias. Por isso, proponho a liderança transformadora, com a detalhada tríade que visa resultados consistentes e congruentes para o bem comum.

Dica da Iô:
Vá, leia e conquiste!

Iolanda Cabral

Iolanda Cabral

Consultora e treinadora comportamental em Desenvolvimento Humano e Organizacional, *Master Coach* com especialização em *Business Executive*, *Coaching Ericksoniano* e *Coaching* de Presença. Acumula pós-graduações em Gestão de Negócios e Gestão da Informação e Inteligência Competitiva. Sua carreira de sucesso se consolida há mais de 30 anos e foi alicerçada em empresas multinacionais de segmentos diversos, o que lhe creditou, como líder, amplitude e pluralidade de perspectiva. Profissional com forte atuação nas áreas de Negócios, Liderança e Carreira, tem o foco em transformação pessoal e profissional. Atua em gestão educacional, treinamentos comportamentais, *Coaching* individual e grupos. É coautora dos livros: *Mapa da vida* – Literare Books e *Empreendedorismo, o poder da mudança* – Conquista Editora.

Contatos
Instagram: iocabral
Facebook: www.facebook.com/iolanda.cabral
Facebook: www.facebook.com/iocabral.coaching
Linkedin: linkedin.com/in/iolanda-vieira-cabral-04a440

Durante a trajetória profissional, você teve mais líderes ou chefes? Ainda hoje, muitas pessoas confundem a atitude de liderar com o cargo de liderança. O líder atua além do cargo e alcança o semelhante. Serve um propósito, confere poder às pessoas, para que desenvolvam o próprio potencial. Por fim, o líder converge resultados e alta *performance* em torno de si, da área, da organização, impactando positivamente muitas vidas.

Quantos líderes você conhece que se encaixam nessa definição de liderança? Eu tive alguns, não muitos, mas tive. Foram como uma escola e ajudaram a desenvolver a minha forma de liderar. Claro que não foram perfeitos, eu também não fui. Porém tinham essas características e chamavam atenção para si. Eu, ávida por aprender, queria trabalhar na esfera do ser humano, com foco em dons e talentos, em vez dos *gaps* e faltas.

Devo ressaltar que em 30 anos de atividades no mundo corporativo, também vi e convivi com muitos chefes, direta e indiretamente e, confesso, não foi nada fácil. Chefes, eles ou elas, também têm características muito específicas. Estão centrados no status do cargo, no poder e no ego. Quase sempre, sua forma de gerir é autocrática, do tipo: "faça o que eu digo" ou "manda quem pode, obedece quem tem juízo". É isso mesmo, ainda hoje encontramos quem se utiliza desses e outros jargões para impor autoridade. Assustador, não é mesmo?

Um "chefe" que tive, depois de 30 anos de carreira, quase me convenceu de que eu não valia nada. Digo "quase" porque sobrevivi aos seus mandos e desmandos. Sua forma ameaçadora de me subjugar, me diminuir perante os outros, me fez compreender as nossas diferenças. Foi nesse período, curto, porém intenso, que me vi vulnerável, doente, infeliz, sem perspectivas; e pude perceber que, na verdade, a dificuldade dele consistia em observar a minha forma de liderar e lidar com pessoas, algo que ele desejava, porém não tinha.

Sua austeridade era uma estratégia psicológica de defesa, e resumia o seu medo de expor a vulnerabilidade e de se mostrar verdadeiro.

O ego é um vilão quando não temos a clareza sobre quem somos verdadeiramente. O confronto é usado como escudo para esconder medos, anseios e diminuir o outro. É uma forma de dizer (sem dizer) o quanto se sentia pequeno e incapaz. Toda essa clareza sobre ele só ocorreu quando aprofundei os meus estudos em comportamento humano.

O autoconhecimento é a chave para o desenvolvimento, que nos potencializa a sermos melhores (não melhor que o outro, apenas melhor que nós).

"Quanto mais me potencializo, mais eu realizo.
E quanto mais realizo, mais feliz eu sou"

O maior desejo do ser humano é ser feliz, o que é algo bastante subjetivo, já que cada pessoa tem um significado, um propósito. Saber reconhecer o que nos torna felizes é uma grande descoberta pessoal que liberta, dá poder e sentido à vida, pois nos coloca na rota de duas ações: realizar esse propósito e conquistar a vida que desejamos e merecemos ter.

Isso me traz aonde estou hoje, atuando como profissional do desenvolvimento humano e organizacional. Atualmente, dedico a existência à missão pessoal:

"Contribuir com o despertar humano e organizacional, para que a vida seja percebida e sentida em plenitude. Atuar com competência, amor, coragem e gratidão, rompendo paradigmas e construindo relações, sendo uma ponte entre pessoas e organizações, para que transformem potencial em desempenho."

Essa missão aflorou em minha busca pessoal, me permitiu honrar e respeitar a história de vida. E fez muito sentido, porque durante toda a trajetória, escutar, apoiar, aconselhar, acolher, orientar, empoderar pessoas, foram atitudes minhas, inclusive destacadas no *feedback* das pessoas do convívio.

A liderança sempre exerceu sobre mim um certo fascínio. Desde cedo, gostava muito de observar comportamentos, de contemplar a comunicação, seja falada, escrita ou gestual; a forma como os grupos se compõem, as ideias trabalhadas e compartilhadas, a influência e a persuasão praticadas, enfim, tudo o que gira em torno do tema. A liderança ultrapassa as portas das organizações até a vida diária e muitos nem se dão conta, pois acham que ser líder prevê algo grandioso, uma causa humanitária, uma vasta equipe, imaginam que é um dom e não uma competência.

Liderar é a capacidade de despertar no outro um motivo para realizar algo. Alguns possuem, realmente, o dom de mobilizar as pessoas. Outros têm como propósito fazer algo grandioso para a humanidade e há também aqueles que, em sua esfera cotidiana, lideram por meio de pequenas atitudes e levam pessoas a buscarem meios de liderarem a própria vida.

Entenda algo que reflete toda a diferença: alguns líderes fazem isso magistralmente e outros, mesmo com o poder da liderança, não conseguem empregá-la de modo a obter os melhores resultados, porque a liderança tem a ver com pelo e para o outro. Ou seja, o líder é apenas o meio, a ponte, a possibilidade e a oportunidade.

É aí que entra a liderança transformadora, conceito que carrega em seu viés algo que a diferença, que propõe um novo despertar de pessoas e organizações. Em 1978, o renomado cientista político James MacGregor Burns trouxe o conceito de liderança transformacional ou transformadora. A proposta expande o conceito da relação entre líder e liderado, entra na esfera do engajamento, da transformação pelo propósito. O modelo foi aceito por uns, combatido por outros e gerou centenas de teses de mestrado.

A minha proposta se apoia nas teorias de Burns, principalmente no que tange a engajamento pelo propósito e despertar consciente. Trabalho com a perspectiva da expansão das relações, onde os elementos respeito, moralidade, ética, bem-estar coletivo, resultados consistentes e congruentes são alcançados por meio de princípios simples; servir, empoderar e realizar.

Portanto, a liderança transformadora demanda envolver-se com engajamento e propósitos coletivos, ligados a comportamentos assertivos, mudanças sociais que tenham como objetivo final alcançar metas e resultados de efeito transformador, que elevem o bem-estar coletivo.

Vou conceituar os princípios da tríade, para ajudar a quem deseja se tornar líder transformador, se diferenciar daqueles que ainda atuam em modelos tradicionais de liderança, e obter resultados que irão transformar a sua vida, a existência de seus liderados e das organizações.

A tríade da liderança transformadora
Princípio 1: servir

> "Quando me coloco a serviço da vida, me liberto das amarras sociais e cumpro o papel de transformar a mim, a tudo e todos a minha volta, em busca do melhor resultado em conjunto. Logo, servir é transformar, é exercer o amor em plenitude."

O tendencioso conceito de troca nas relações, (eu te dou isso, você me dá aquilo) muitas vezes até funciona. É bom e saudável? Depende de quem está envolvido no contexto. Alguns aceitam, outros questionam, justificam que é assim mesmo e pronto. Entretanto, na liderança transformadora, a minha proposta é trabalhar esse "servir" de uma forma diferente.

O exercício de servir tem o amplo contexto de colocar o seu melhor a serviço do outro, para que ele seja o melhor que puder. Não é fácil, porém é simples, exige bastante, e a recompensa é certa. Exige olhar mais para o outro, ouvir atentamente, inclusive o que não é dito. Implica em aceitar as características pessoais do outro, as qualidades e limitações, estar aberto para a divergência de opiniões, convidar ao debate, e aceitar que a convergência talvez dependa de um caminho paralelo que possa ou deva ser trilhado.

Servir é a arte de se comunicar com clareza e respeito. É alinhar expectativas para que cada um entenda seu papel, tenha autonomia aliada à autoridade que, juntas, estão ligadas à responsabilidade de cada um no contexto em questão. Servir, muitas vezes, é chamar ao compromisso, ao propósito com o todo. É cobrar prazos e resultados. É acolher, sem permissividade, é conduzir ao bem coletivo, sem ferir o individual.

Dicas da Iô: acreditar que você pode desenvolver o princípio de servir e obter melhores resultados já é uma importante característica de líder transformador.

Princípio 2: empoderar

"Olho para você e percebo o seu valor, entendo que juntos seremos capazes de fazer mais e melhor, acredito em seu potencial, em tudo que é capaz. Acredito em você, quero compartilhar conhecimento com você. Por isso, ao meu lado, você fica."

Quando o líder olha para o liderado, um mundo de possibilidades é aberto. Esse olhar pode ser expandido, como se o líder imaginasse duas perguntas:

Quais talentos ocultos e não revelados essa pessoa possui que podem ser de grande valor? O que a equipe e eu podemos trazer para que essa pessoa contribua de forma ainda mais significativa?

Durante muito tempo, as empresas fizeram avaliações de desempenho focadas nos *gaps* dos colaboradores (o que falta), para então iniciar o processo de *feedback* e plano de ação. O foco deveria estar naquilo que fazem e têm de melhor. É assim que se garante a autoestima e a autoconfiança do time, em busca de resultados promissores, pois os integrantes acreditam em seu potencial de entrega e realização, diminuindo os efeitos colaterais daquilo que ainda está em processo de melhoria.

Empoderar é atuar nos dons e talentos individuais ou coletivos. É perceber o que cada liderado tem para ser alguém de valor, diferenciado. É reconhecer suas competências, ou seja, o conhecimento, as habilidades e atitudes. Empoderar é incentivar o novo, a criatividade, o compartilhamento, a cocriação. Em suma, é fazer a pessoa se perceber mais e aceitar o outro, é confiar que cada um tem em si talentos complementares e a união dessas expertises permite atingir patamares inimagináveis, mas possíveis.

Dicas da Iô: ao acreditar que você é capaz de observar, identificar os talentos e o potencial da pessoa e que, uma vez empoderada, ela vai encontrar melhores resultados, você está a um passo da liderança transformadora.

Princípio 3: realizar

"As ações são as molas propulsoras para atingir as metas e realizar os sonhos que nos fazem viver em plenitude."

O líder realizador transita pelo *hall* da plenitude, com um sentimento de satisfação, de dever cumprido, de conquista. Sabe que dedicação, empenho e determinação são ingredientes do sucesso. Compreende que a contribuição de todos da equipe foi um fator-chave. Consegue perceber que cada desafio vencido impulsionou a busca por novos caminhos. Realizar é colocar todos em prontidão para a ação, é gerar resultados positivos que transformam a todos e elevam o bem-estar coletivo.

Para realizar, o líder transformador precisa estar envolvido com a equipe, ser um elo entre os liderados, usar de seu carisma, conhecimento e influência, para inspirar todos a direcionarem esforços em prol dos resultados, de forma consistente e congruente. Líderes transformadores atuam além de suas equipes, navegam em toda a organização e impactam positivamente outros líderes, para que todos se envolvam.

São dotados de maturidade emocional e comportamental. Olham além de si e sabem que o ego pode ser o seu maior aliado ou inimigo. São presentes, estão sob alerta e avaliam cenários, positivos e negativos, com a mesma clareza e objetividade. E para fechar, realizar é algo que vai além de resultados periódicos. O verdadeiro resultado é consequência de um modelo de gestão e liderança focado no desenvolvimento de pessoas com propósitos comuns.

Dicas da Iô: se você acredita que realizar é atingir resultados incríveis por meio do coletivo e que é possível fazer diferente para fazer a diferença; que resultados são conquistas de atitudes assertivas e relações saudáveis, você está pronto para iniciar o seu processo como líder transformador. Eu acredito em seu potencial transformador e te desejo sucesso. Vá e faça acontecer!

Agora que você conhece a tríade, acredito que perceba o valor de transformar e construir um ambiente melhor, com relações mais saudáveis e assertivas, que geram resultados sustentáveis e rentáveis. Afinal, é o que todos buscam. Com os resultados alcançados, é tempo de celebrar. Líderes que transformam entendem que o reconhecimento e a comemoração geram satisfação e plenitude, grandes impulsionadores das futuras realizações.

Portanto, convido você a ser um líder transformador, a utilizar esses princípios em sua vida, com a família, os negócios, a empresa, e por onde for. Afinal, as necessidades são semelhantes. Seja líder de si, sirva aos seus valores, ideais e sonhos. Empodere-se com toda a força e determinação, utilize os talentos e recursos, que decerto são incríveis. Lembre-se, você é a fonte de toda a sua riqueza, está tudo em você e, talvez, só não tenha se dado conta. Ou busque ajuda para identificar seus dons e talentos, a fim de colocá-los a seu serviço. Finalmente, faça o seu melhor, realize com alegria, coloque amor em cada passo e, assim, tudo será como você merece.

Desejo que a liderança transformadora desperte em você o desejo de contribuir para a transformação que o mundo precisa e para encontrarmos uma forma mais eficaz de gerar resultados por, com e pelas pessoas, que são a maior fonte de realização do mundo, pois nada acontece que não seja por meio das pessoas e de seus talentos.

Sou o resultado das minhas escolhas e, hoje, entendo que tudo está em perfeita harmonia. Esse entendimento me libertou como líder e mulher de negócios. Sugiro que procure uma liberdade nesse sentido. E sou grata, muito grata a você que leu a minha participação!

Entre a liderança transformadora e você, uma ponte se faz necessária. No artigo, eu lhe ofereci a matéria-prima. Se estiver difícil construí-la, me procure e te ajudarei.

11

A liderança na Era Pós-Digital
O resgate da essência do ser humano passa pela estrada das tecnologias disruptivas

Conciliar liderança e tecnologia é a premissa dos líderes do futuro que atuam no presente, sem devaneios e utopias. Um imenso aparato tecnológico se desenha e se renova todos os dias. Eis o desafio máximo: se os chefes analógicos não conseguem fazer a conciliação humano-tecnológica, quais as características da nova safra de profissionais? Abra as páginas rumo ao futuro que está acontecendo agora!

Israella Ramalho

Israella Ramalho

Empreendedora e apaixonada por desenvolver o ser humano. Em sua jornada, leciona em pós-graduação e administra o Instituto Ampliatino, que ajuda a tornar possível às pessoas e empresas o alcance da excelência e a concretização de propósitos. Treinadora comportamental com MBA em Gestão Empresarial pela FGV e especializada em Gestão de Pessoas com *Coaching* pelo IBC, Israella é certificada internacionalmente e atingiu o nível de excelência como *Master Coach*. Além de atuar como oradora em palestras e eventos desde os 18 anos, sempre demonstrou elevado interesse pelas possibilidades que a educação pode proporcionar e desbravou diversas áreas do conhecimento, até constatar o grande requinte presente na simplicidade. Iniciou a trajetória acadêmica estudando Relações Públicas, mas foi o Direito que a fez embasar, com lucidez, a prudência fundamental para gerenciar negócios. Antes de ensinar e treinar líderes, acumulou experiência, como líder, pelo próprio exemplo; o que a torna pronta para formar opinião corporativa.

Contatos
www.israellaramalho.com.br
contato@israellaramalho.com.br

O que é ser líder?

O verdadeiro líder se descobre como um genuíno professor. O grande deleite está em partilhar experiências e conhecimentos adquiridos durante uma carreira de ascensão com os que desejam trilhar caminhos semelhantes aos seus, encarando esse deleite como uma inspiradora motivação.

Fruto de acertos e erros, por vezes muito mais estes que aqueles, o líder compartilha, por meio de conselhos e ensinamentos, o que há de melhor em sua bagagem. Com o horizonte em vista, os líderes aplicam sobre si os conselhos passados à frente e se posicionam como aprendizes esfomeados. Daí, percebemos a realidade desses seres especiais, pois não se cansam de fazer a íntima e relevante pergunta:

Estou acompanhando a velocidade evolutiva do mundo?

Há alguns anos, chegamos a vivenciar uma época de líderes digitais. Mas, o que temos é uma era pós-digital. Em todas as partes do mundo, sem importar a área de atuação, líderes estão imersos pela revolução digital e reconhecem na tecnologia um gigantesco poder de impacto, ainda impossível de ser mensurado.

É certo que toda organização precisa, no presente, de líderes do futuro.

Percebe-se que pouco importam os impensáveis avanços na tecnologia que iremos acompanhar nos próximos anos, pois os verdadeiros líderes sabem: para continuarem eficientes, competências como habilidade social, assertividade e capacidade de comunicação são primordiais. Além disso, representam o ponto de partida para ter o sucesso como protagonistas em grandes mercados. O futuro é moldado por entusiastas que acreditam no poder de criação e mudança. Logo, experimentação é a palavra da vez.

Há um segredo sórdido sobre o futuro, do qual a maior parte de nós foge: até mesmo o progresso mais estimulante é construído sobre a base de projetos que falharam, produtos descontinuados e lançamentos que se mostraram verdadeiros fiascos. Daí o comportamento, quase unânime, dos líderes mais preparados, que apoiam várias iniciativas simultaneamente, pois têm experiência suficiente para saber que muitos deles irão fracassar. Esses líderes são dotados de uma couraça grossa o bastante para entender que se deve ter amor pela iniciativa e não pelo projeto.

Era digital e era pós-digital

O prefixo "pós" não denota progressão linear da história cultural e intelectual. Por outro lado, demonstra a sutil mudança cultural e as transformações em andamento. Por isso, entendemos que o momento pós-digital também é pós-apocalíptico, visto que as grandes guinadas iniciais vieram com a informatização das coisas e por meio da rede digital global de comunicação. Agora, parece ser preciso surfar a onda. Sem melindres, experimentamos uma era em que os sistemas de informação digital e dispositivos de mídias digitais não causam mais perplexidade, pois o fascínio por esses novos sistemas e dispositivos já ficou para trás.

Impacto da tecnologia na humanidade

As grandes estrelas dessa era pós-digital, no lugar de computadores, são a empatia, a criatividade e o poder de crítica, ou seja, habilidades comportamentais que as máquinas são incapazes de entregar. O líder está preparado para somar essas "novas estrelas" aos conhecimentos tecnológicos e fazer a diferença. Somando-se emoção e intelectualidade, de forma simples e efetiva, temos a liderança genuína.

Impacto da tecnologia na liderança

E que mundo é esse de que estamos falando? Vivemos em um mundo de tecnologias que estão tomando cada vez mais espaço, onde são exigidas as habilidades da inteligência emocional e da liderança ainda mais aprimorada, pois os pequenos erros humanos podem causar grandes estragos nas corporações. O paradoxo pode ser observado nos números: em média, 46% das novas contratações falham nos primeiros 18 meses, das quais 89% por motivos comportamentais e apenas 11% por falta de conhecimentos técnicos.

Acontece que toda nova era exige atualização dos seus líderes. No entanto, alguns comportamentos universais são, também, plenamente atemporais. Eis os exemplos: habilidade motivacional, construção de equipes e inteligência emocional. Naturalmente, essas três habilidades não esgotam as possibilidades, mas são fortes princípios que os bem-sucedidos trazem no âmago, seja hoje ou no ano 2118.

Devemos mesmo ter atenção à tecnologia?

A tecnologia influencia vidas de uma forma nunca antes vista. Na esfera digital, transforma políticas, amizades, negócios, culturas, e a sociedade como um todo. E, sem dúvida, não tem influenciado apenas grandes corporações, mas toda a forma de comunicação do planeta, de dentro para fora, ou seja, da sala da sua casa até a indústria espacial que lança foguetes reutilizáveis. Com isso, novos desafios têm se apresentado e exigido atenção contínua. Eis o que pensa a maioria, quando se depara com essas realidades: o maior centro de cinema do mundo, que não possui salas físicas de cinema: *Netflix*. O maior polo de hospedagem do mundo, que não possui sequer um apartamento: *Airbnb*. Uma das mais utilizadas formas de comunicação, que não possui qualquer infraestrutura de telecomunicações: *WhatsApp*. A maior companhia de transporte do mundo, sem frota própria: *Uber*. As mídias sociais mais populares, embora não gerem conteúdo: *Instagram* e *Facebook*. A lista de revoluções tecnológicas que denotam novos comportamentos é enorme. Essa era pós-digital fica marcada por conceitos que reestruturam a maneira de liderar.

Vivemos na sociedade do conhecimento, onde boa parte do grande valor está disponível na rede. Dito isso, resta alguma dúvida de que não há benefício algum em se isolar dessa grande rede de compartilhamento?

Como fica a liderança?

Essa teia de conhecimentos passa a coexistir com as clássicas habilidades. É aí que um grande líder se destaca, ao apoiar a transição de uma sociedade – puramente do conhecimento– para outra, onde o conhecimento está interligado por uma grande rede. A oportunidade consiste em ativar a liderança digital em meio ao convívio, guiando para a abertura e a sede por conhecimento. Importante frisar que nenhum líder tem por obrigação dominar codificações para sair programando ou mesmo ser o criador das máquinas tecnológicas que vão utilizar.

O cenário que vos narro é de compreensão e entendimento das tecnologias, para facilitar o desenvolvimento, sem qualquer tipo de limite ou mesmo rejeição, vivenciando as transformações que as revoluções tecnológicas têm causado nas empresas e nas pessoas. O líder fica com duas escolhas: essa compreensão ou a total desinformação tecnológica, enquanto o carro do concorrente acelera pela estrada das tecnologias disruptivas.

Imerso na realidade, torna-se fluida a identificação de tendências de comportamento em diversificados âmbitos. Lembrando que, para começar, basta ter conhecimento e visão suficientes para gerar conexões e transformar recursos em bens utilizáveis. O passo seguinte é reconhecer seus potenciais e ser capaz de perceber os recursos ausentes, pois o que sabemos é tão importante quanto aquilo que não sabemos. Preencher lacunas passa a ser uma das habilidades que esse líder deve dominar. E por conhecer os limites dos conhecimentos presentes e ausentes, o líder do futuro passa a ser mais um gestor da comunidade do que uma autoridade de perfil chefe e ditatorial.

Vivemos a era em que cai por terra o modelo hierárquico tradicional das corporações. Na perspectiva contemporânea, cargos são encarados como papéis e, ato contínuo, são compartilhados. Os pares complementam habilidades entre si e decidem, em conjunto, a próxima rota. Por fim, os conhecimentos ausentes são necessariamente colocados sobre a mesa, até que num futuro próximo sejam completados pelos presentes do seu par profissional.

Dentre os executivos, estruturas horizontais estão fortalecendo as organizações. Vai se deixando de lado o modelo hierárquico, lento, burocrático e inadmissível no mundo digital, onde mudanças acontecem o tempo todo e decisões imediatas devem ser tomadas.

O que só o ser humano faz como líder?

Percebemos que as informações são a base de tudo. Uma vez em rede, geram poder para quem as conecta, de forma a influenciar o seu público. A partir disso, um líder deve se distinguir do outro, o que resulta em assumir comportamentos positivamente inovadores.

Sejamos realistas. Precisamos entender que essa rede pode se transformar em uma ameaça, quando *hackers* entram em ação ou mesmo quando empresas ou governos deixam de ser vítimas e passam a ser os vilões da história. Por exemplo: a empresa tem um mecanismo de leitura tecnológica que dificulta a conferência do consumidor, como as companhias estaduais de energia elétrica. Ou, no caso de governos, quando mostram uma bela realidade tecnológica, mas destoante da realidade em que vivem os cidadãos.

Reconhecendo, porém ultrapassando essas possibilidades, visto não ser esse o foco do conteúdo, o seu papel é implementar conhecimentos, abrir caminhos e explorar novas possibilidades, expandindo o potencial de criação ou mesmo de utilização, daquilo que há de novo no mercado. O intuito é pensar em como a tecnologia pode ser utilizada em benefício da humanidade. Novas e ambiciosas terras estão sendo exploradas. É a oportunidade para se reconectar ao otimismo e idealismo, típicos da transformação, da evolução e dos marcos históricos.

Como se reconhecer

Vivemos a época em que as pessoas estão estressadas e sobrecarregadas. Será que exercer ainda mais pressão sobre elas, como um dia os chefes fizeram, geraria bons resultados?

O líder oferece liberdade suficiente para promover a criatividade dada e inata. Em ambientes sem confiança, não há liberdade; e ausente a liberdade, não há criatividade. Distante da integridade, não há confiança. Em suma, aí está a explicação para aquelas empresas cujos colaboradores não se entendem, deixaram de criar e cumprem apenas a obrigação.

É quando resgatamos as necessidades básicas do ser humano: ser ouvido na essência, reconhecido, notado, amado; sentir-se pertencente a um grupo ou organização e, sobretudo, ter o direito a errar. Vamos dirigir pela estrada das tecnologias disruptivas que exige a busca de soluções. Aí vão algumas dicas de atitudes responsáveis, para que o líder seja competitivo no novo mercado:

1. Desafie-se: chegou a hora de abraçar a evolução dos tempos. Entenda a tecnologia como aliada e destrua a barreira cultural que o distancia da mudança;

2. Analise a sua alfabetização digital: pontos fortes e pontos de melhoria, pode ser simples assim. Seja realista ao chegar nessa fase e repita a análise com regularidade. Leve sua equipe com você e seja inspiração para todos;

3. Aguce a curiosidade: explore. Ainda que não seja para o seu momento atual, entenda o jogo além do seu nível de jogada.

O verdadeiro pulo do gato

Estar conectado digitalmente é a nova normalidade. No entanto, há outra vertente que precisamos considerar: a conexão emocional.

Equilibrar o nível de tecnologia e informação com o mundo físico e emocional torna-se outro diferencial. Pesquisas comprovam que há uma correlação negativa entre o nível de consumo e a criação de conteúdo na Internet, incluindo-se redes sociais e ações importantes no mundo físico para a vida pessoal e profissional. Essa disparidade tem alertado sobre a ansiedade, a depressão e a dependência. O líder do futuro entende o peso de tal realidade e promove ambientes em que as pessoas se sintam seguras, que contribuam com todo o seu potencial técnico e comportamental.

A conexão emocional é criada de diversas maneiras, entre elas, estar presente, física, mental e emocionalmente. Viver e ensinar os colaboradores para que vivam o momento presente. Ouvir, perguntar e compartilhar para que possam se conectar, lembrando que o fim da era chefe deu-se, além de outras razões, porque ele não escutava ninguém.

"Quanto maior o número de interações digitais, mais preciosas as interações humanas."

Quando o ser humano se reconhece, conhece a intenção, a força e a personalidade, tanto sua quanto do outro, consegue se conectar verdadeiramente a outras pessoas, afinal de contas, a despeito da tecnologia, permanecemos seres humanos dotados de necessidades, anseios e conexões de relacionamento.

Um por todos e todos por um

Depois de desbravar diversas realidades, percebemos que é possível sentir a energia revigorante apenas em contextos maduros, criativos e com ideias em sincronia. A combinação das habilidades é a mistura exploratória que reflete sucessos e fracassos, ao longo do jogo. Por isso, é preciso despertar a ideia de que "o próximo Buda é a comunidade", ou seja, transformar em um mantra para os líderes: o mundo se tornou complexo demais para os indivíduos. Daí a nova realidade, em que as equipes de liderança fortes e alinhadas passam a ser uma condição imprescindível. Aliás, eis aí outra causa do sepultamento da era chefe: tinham força demais a impor, mas não sabiam conquistar, o que resultava em total desalinhamento.

Entramos em um novo jogo, onde o líder brilhante e único não faz mais sentido. Liderar significa ir primeiro. Isso reflete criar um modelo congruente, dito e praticado por esse líder. Isto é, os líderes do futuro não perdem mais tempo dizendo aos outros o que devem fazer, mas inspiram cada um a ser e agir em favor de si, da equipe e da empresa.

A refletir: chefes, todos podem ser, embora eu não recomende, já que a era chegou ao fim. Líderes, todos podem ser, tanto da própria vida como de outras pessoas. Basta praticar. Líderes do futuro, só alguns são capazes de ser. Em suas mãos, os principais elementos. Sugiro que faça uso! Eu vou te encontrar em breve, se você for do tipo que deixa para amanhã. Ou imediatamente, se é do tipo que deseja a mudança imediata. No início do artigo, o meu contato está a sua espera...

12

Aos líderes, o melhor está por vir

Ficar com as pernas bambas é um conceito de protagonismo, autoconhecimento e satisfação máxima. Em outra análise, poucos especialistas abordam temas como perdão e ódio, cruciais para diferenciar a carreira de chefes e líderes. Vamos lidar com esse vespeiro até que se torne inofensivo, pois o melhor está por vir, desde que pense em si e respeite o que pensa o outro.
Faça isso; a sua carreira agradece!

Kely Pereira

Kely Pereira

Executiva do setor educacional. Atua como Diretora Acadêmica da Pós-Graduação da Faculdade de Ciências Médicas e Superintendente Educacional da Faculdade FELUMA, ambas em Minas Gerais. Atingiu um posto corporativo raramente conquistado pelas pedagogas e já soma quase três décadas de experiência, com 18 anos dedicados ao ensino superior e dez anos à experiência em Gestão Sênior. Sua liderança transformacional tem mobilizado líderes, inspirado pessoas e empresas a pensarem de maneira inovadora, desafiando o talento adormecido e apoiando grandes mudanças. Ministra palestras, consultorias e treinamentos. Dentre as estratégias que usa para formar equipes compostas por exímios e engajados profissionais, destaque para a consideração individual, o estímulo intelectual, a motivação e a inspiração. Com a natural habilidade de replicar *cases*, sua contribuição mercadológica transcendeu a educação e a saúde, setores de seu domínio, e alcançou diversos segmentos.

Contatos
kely@kelypereira.com
(31) 99303-2249

Grandes sonhos, se não forem trabalhados em prol da realização, são meras divagações. Carro potente não anda nada em rodovia congestionada. Roupa nova não cabe em armário cujo dono se recusa a praticar o desapego. Líder servidor não se cria em terreno semeado pelo ódio.

Complicou? Então, vamos em frente, para entender isso de acordo com a inspiração das Minas Gerais, que tanto amo: comendo pelas beiradas.

Escolhi a profissão de pedagoga, mesmo contrariando a opinião de muitos. E posso entender a motivação dessas pessoas, no sentido de me fazerem mudar de ideia: à época, acreditava-se que pedagogo ganhava pouco, que havia um público muito específico e restrito. Provei que estavam equivocados, mas só consegui por amor à profissão.

Se você encontrou um chefe tirano pelos caminhos da vida, e sobrou um silencioso ou despertado ódio no coração, é preciso colocar fim a ele, sob a pena de não conseguir êxito ou até adoecer.

A minha orientação é que, em contato com o ódio (esse sentimento, quando se manifesta, ninguém consegue segurar), sinta-o da situação e não do chefe. Afinal, é mais simples se desapegar do ódio comportamental do que do ódio que se enraíza na essência.

Sempre muito sonhadora e otimista, consigo enxergar além do que está posto e acredito na realização com toda força de minha alma. Essa força é regida por um amor que não deixa espaço para rancor ou ódio. Porém não nasci com essa visão...

Para chegar aonde me encontro, não só reconhecida profissionalmente, mas com paz de espírito e gratidão pela vida, tive que passar por um intenso processo de amadurecimento.

Acalentei o sonho de me tornar uma assessora pedagógica diferenciada. Gosto de ir além, de ousar, de entregar acima do que esperam de mim, por dois motivos:

1) Por amor ao que faço;
2) Para que o outro tenha oportunidade de crescer.

O processo de liderança transformacional começa com a própria transformação, no sentido de se conhecer, escolher ser protagonista da vida, em vez de vítima. Claro que não é nada fácil passar por situações como a minha, com uma chefe que me fazia chorar todos os dias, que me desqualificava permanentemente, embora eu trabalhasse até 16 horas por dia, de segunda a segunda.

Agora, o paradoxo é que foi um período de muito sofrimento e amargura, mas eu também não queria sair. Lá, estava a realização do meu grande sonho. Então, descobri que seria necessário abandonar o vitimismo. E acredite, de fato sempre temos escolha, embora, às vezes, as consequências dessas escolhas pareçam temerárias.

Comecei a notar que as minhas relações com as pessoas sempre foram diferenciadas e que estar ali, com aquela chefe, me proporcionaria um salto qualitativo na jornada profissional. Em vez de ficar chorando, pagando terapia para reclamar da chefe, eu precisava me amar mais, me conhecer melhor e entender as escolhas que adotava na vida.

Quando deixamos o ódio protagonizar o relacionamento, é como beber cicuta e esperar que o outro morra. Nesse cume da existência, você precisa tomar a decisão do caminho a seguir: ficar amargurado com a vida ou se tornar líder da própria vida, deixando o amor tomar conta de si e, principalmente, acreditando que é capaz de aprender, se desenvolver e crescer.

Costumo dizer que envolvidos por uma grande realização, pelo prazer físico ou emocional, ou pela sensação de ter vencido algo, ficamos com as "pernas bambas". Nessa época, passei a acreditar que quando o amor invade a alma e o corpo, somos agraciados com sentimentos e sensações que nos fazem perder o fôlego, ter palpitações, ficar trêmulos e com as pernas bambas. Assim, ouso perguntar:

Qual foi a última vez que ficou com as pernas bambas? Ou seja, qual foi a última vez que vivenciou uma grande realização, que teve um indizível prazer ou viveu o maravilhoso êxito pessoal e profissional?

Ao decidir mudar o rumo da vida e liderar sua história, inúmeras mudanças acontecem e uma delas é ser invadido pela gratidão e pelo desejo de compartilhar as experiências com o próximo, como faço agora. É claro que, como tudo na vida, isso também é um exercício "físico" e precisamos praticar. Mas, vencida a questão do ódio, que é a mais importante, e implantado em seu lugar o amor, que deixa as pernas bambas e a alma leve, vem a segunda parte que fará toda a diferença: implantar o perdão.

Enquanto a Era chefe se aproxima, que tal observar as melhores características do seu chefe e introjetá-las em seu DNA líder?

Sim, isso mesmo. Aos chefes, o melhor "já passou". Aos líderes, o melhor está por vir e precisamos abrir espaço para entender que as ideias do chefe de ontem não podem ser totalmente ignoradas ou repudiadas. É impossível conviver com um chefe e afirmar que ele não tenha muitas qualidades. Longe de ser uma teoria, posso opinar com muito conhecimento de causa.

Antes de atingir um dos mais altos postos de liderança que os pedagogos alcançam, antes mesmo de assumir carreira executiva no setor educacional, de conquistar, ao mesmo tempo, a diretoria acadêmica da Pós-Graduação de uma faculdade e a superintendência de outra, trilhei um caminho de construção que coincidiu com o rumo de uma chefe das mais rígidas que se possa imaginar, daquele tipo que, sem uma causa justa, humilha, ofende, machuca, desconsidera e ataca os colaboradores.

No entanto, graças a essa chefe, aprendi muito. Eis alguns exemplos:

- ✓ Fazer escolhas;
- ✓ Ser a minha líder;
- ✓ Investir em autoconhecimento;
- ✓ Criar planos e estratégias, para realizar os meus sonhos;
- ✓ Usar todas as experiências, boas e más, para liderar da melhor maneira;
- ✓ Que as pessoas podem opinar e falar de você, mas você escolhe como se sentir.
- ✓ Que eu me tornaria uma líder diferenciada, capaz de formar uma equipe diferenciada e, para isso, conheceria o comportamento, os valores e os anseios dos meus semelhantes.

Fui assistente direta dessa chefe e poderia lamentar, dizer a você como foi doloroso, quanto precisei de autoestima e terapia para cicatrizar as feridas emocionais que essa chefe abriu, mas são detalhes que fazem parte do passado. Essa, aliás, é a primeira lição: "No cultivo da boa liderança, semeie o seu melhor, lide com a praga do chefe autocrata, mas em vez de ódio, colha aprendizado".

Aprendi muito e cresci na carreira, graças aos pontos positivos que modelei com essa chefe. E quanto aos seus defeitos, no fim, cada um que se resolva com o seu psicólogo. Então, como ficamos?

O primeiro passo para edificar uma carreira de sucesso conectada à arte de liderar com excelência, é o perdão em duas perspectivas:

Alheio – como você já refletiu sobre o possível ódio mortal em relação aos chefes, não faça como alguns, que trabalham horas e horas a fio, deixando a própria vida em segundo plano, que param de se alimentar adequadamente, que quase não dormem ou dormem mal, choram muito ou se sentem engasgados, sem fôlego, que adoecem, não se divertem e, principalmente, não ficam com as pernas bambas de satisfação, que se alimentam de um desafio atrás do outro, na vã tentativa de vivenciar a felicidade. Das profundezas do meu inconsciente até a porção prática da consciência, passados quase dez anos, primeiro mandei flores à chefe por que consegui enxergar o quanto cresci com tudo o que vivenciei. Três meses depois, fui ao encontro da chefe. Para perdoá-la? Não. Para me perdoar, deixar para trás a visão "de que ela me fazia mal", ressignificar a minha história e seguir rumo aos sonhos, como a líder da qual me orgulho de ter me tornado.

Íntimo – De tanto insistir que não prestamos, que não somos bons nisso e naquilo, talvez os chefes que passarem pela sua vida acabarão por te convencer que isso é uma imutável verdade. Portanto, dissocie essa opinião da verdade e pense que a palavra "verdade" depende de interpretação. Por último e mais importante, caso tenha aceitado a opinião do chefe como factual e se sinta incapaz disso ou daquilo, perdoe-se por ter feito isso consigo. Perdoe-se por ter acreditado no chefe e não em sua capacidade.

Mergulhados no rancor, na amargura, por melhor que estivermos na vida, algo nos corrói no fundo da alma, como um peso que carregamos nas costas, que não nos deixa ser livres. Assim que escolhemos mudar o curso dessa história, somos inundados por uma avalanche de gratidão pela vida, por tudo que nos aconteceu e reconhecemos o quanto isso nos fez crescer.

Em um ano, evoluí uma década, profissionalmente falando. Hoje, sou muito grata a tudo que vivenciei, pois estou onde estou por mérito, por acreditar que sou capaz, mas acima de tudo, por acreditar que o melhor ainda está por vir. E posso garantir que você encontrará o caminho da prosperidade, pois "perdoar" e "fracassar" são duas palavras que não cabem, ao mesmo tempo, no coração de ninguém.

Agora que já lidamos com amor e perdão, colocando-os em seus devidos lugares, ou seja, sobrepujando o ódio, o melhor está por vir. Vou mostrar como transformar o seu exercício de liderar:

Eu lidero, junto com o Diretor Geral, uma equipe de dezenas de profissionais diretos e centenas de indiretos. Sou responsável por 35 cursos com 42 turmas em andamento, além de cursos em 17 hospitais parceiros. Ou seja, uma das maiores Instituições de pós-graduação da saúde é liderada por uma Pedagoga que também é responsável por todo o orçamento do Instituto.

Vou te mostrar, com exemplos práticos, o que um chefe faria e o que um(a) líder faria. Isto é, se o melhor está por vir, vou te dizer como abrir espaço, na prática. Obs.: para que não seja necessário colocar tantos parênteses, saiba desde já: quando eu mencionar o(a) líder, quero dizer "o ser humano líder", ou seja, refiro-me a homens e mulheres.

1) Diante do colaborador triste por ter perdido alguém:
Chefe – É questão de tempo. Logo, você nem sentirá mais falta.
Líder – Imagino quão importante essa pessoa foi em sua vida. Lembre-se do tempo e dos aprendizados. Com o tempo, há de ficar uma saudade menos dolorosa.

2) O colaborador errou feio, mas como é muito bom, não será demitido.
Chefe – Dá próxima vez, é rua!
Líder – A situação é grave. Em prol do futuro, o que você aprendeu com o acontecido?

3) A empresa carece de grandes ideias para fazer frente à inovação da concorrência.

Chefe – Precisamos melhorar e fazer frente à concorrência, ou cabeças vão rolar!

Líder – Se cada uma faz parte desse processo, vamos construir diferenciais competitivos para esse momento e cresceremos junto com a empresa.

4) O time não tem cumprido a meta.

Chefe – Desde que o mundo é mundo, sem meta, não existe comissão, nem emprego. Entenderam ou preciso desenhar?

Líder – Vou apresentar a minha proposta e quero ouvir as sugestões de cada um, para superarmos esse momento de mãos dadas!

5) O clima organizacional está péssimo, mas os números estão ótimos. O que fazer para tornar o ambiente prazeroso?

Chefe – Em time que está ganhando, não se mexe!

Líder – Vamos identificar o que (e não quem) está deixando o clima ruim, pois faço questão de que vocês trabalhem felizes!

6) O faturamento está abaixo do desejado e o empregador pensa em contratar uma consultoria caríssima, mas chefe e líder sabem por qual motivo os números estão baixos e poderiam propor mudanças. O que cada um diz ao empregador?

Chefe – Boa ideia. Traga a consultoria, vamos descobrir quem não está fazendo a sua parte e mostrar a porta da rua!

Líder – Podemos reverter o quadro sem a necessidade desse investimento. Eis a origem do problema e as propostas para resolvermos...

Os exemplos não deixam dúvidas. A diferença entre os perfis é inquestionável. A cada dia, como líder de várias pessoas e à frente de diversos projetos, preciso lidar com a equipe e o meu maior desafio são as pessoas, e não os processos.

Acredito que uma liderança diferenciada se faz no desenvolvimento da equipe, como pessoas e profissionais. O único modo de cumprir tantas tarefas com esmero e, ainda assim, gerar lucro e manter a equipe feliz, é exercer a liderança, servir ao propósito e ao time. Por efeito, a única alternativa para "chegar lá" prevê duas necessidades básicas: informar-se sobre o que não sabe de si e aprender como funciona o outro.

Com o foco numa liderança diferenciada, busquei o autoconhecimento, cursos de desenvolvimento pessoal e profissional, terapia e estabeleci o cumprimento de uma meta de treinamentos, com 180 horas por ano, como *Unleash The Power Within* e *Date With Destiny*, com Anthony Robbins; *Women's Global Leaders Program* – Smith College/ Fundação Dom Cabral, EMPRETEC, eventos da HSM, na Singulary University, entre outros. Além disso, ministro treinamento de liderança a variadas equipes, o que também me proporciona crescimento.

Enquanto todo esse esforço é demandado, tem chefe por aí que faz a primeira formação na faculdade e, perguntado sobre os seus próximos passos para vencer como líder, costuma responder:

— Eu já me formei e terminei os estudos!

A liderança é um processo de crescimento ininterrupto. Pensar e agir assim abre espaço para o melhor que está sempre por vir.

Muito obrigada por seu tempo e se quiser conversar mais sobre o tema, basta me chamar!

13

Delegar ou de largar

Há anos, especialistas têm insistido que o exercício correto é delegar, retirar de si o peso de reter tudo nas mãos, como se fosse insubstituível. O problema é que boa parte da liderança nacional, tanto no setor privado como no público, confundiu e, em vez de "delegar", trata as questões como se fossem "de largar". Vamos entender essa pequena confusão que gera grandes e graves consequências?

Sueli Campos

Sueli Campos

Graduada em Marketing. Atuou por 30 anos em Promoção & *Merchandising*, responsável por desenvolver e fomentar ações em PDV (ponto de venda) para grandes redes de supermercado e marcas de consumo. Empresária por 15 anos no segmento de franquias e no setor *fast-food*, especializou-se em relações franqueadora/franqueado. Consultora em formatação e suporte para microfranquias e negócios conectados ao segmento da alimentação, ministra palestras, *workshops* e treinamentos sobre empreendedorismo, gestão de negócios, liderança versus trabalho em equipe, e rentabilidade para restaurantes. Coautora no livro *Treinamentos comportamentais* – Editora Literare – aborda a importância do desenvolvimento de habilidades e competências para alta *performance* de equipes, fazendo jus ao *know-how* que adquiriu, em sua vasta e longa pesquisa, como treinadora comportamental.

Contatos
www.suelicampos.com
sueli@suelicampos.com
(11) 98109-4885

Abordar as funções de líder e chefe é algo muito complexo e, ao mesmo tempo, simples. O segredo é entender a linha, ora tênue e ora maciça, entre ser chefe ou líder. Liderar uma equipe não é nada fácil, porém é desafiante. O desafio é desenvolver uma linha de trabalho que abre mão do estereótipo de comportamento dos antigos chefes e trazer, para a nossa realidade dos tempos atuais, a figura do líder.

Muito se ouve falar em líder servidor, inspirador, facilitador, engajador, mas uma pergunta deve ser feita:

O que de fato significa ser líder? E qual é a diferença entre chefe e líder?

Há algum tempo, para ser chefe, bastava conhecimento técnico, ou seja, expertise na operação e no desenvolvimento das tarefas, pontualidade e comprometimento no trabalho, respeito às hierarquias, tempo de empresa e, acima de tudo, produtividade. Não que esse cenário tenha mudado significativamente. Ao contrário, o cenário é o mesmo, porém novas ferramentas e tecnologias foram acrescentadas ao cargo de chefe. Hoje, muito mais do que estar chefe, é preciso ser líder.

Ter a expertise dos processos técnicos não faz de você um líder. É preciso muito mais do que isso. O ambiente corporativo tornou-se muito mais exigente para escolher e nomear seus líderes. Os processos de seleção, tanto para a escolha de alguém que já pertence ao quadro, como para a busca de alguém disponível no mercado, vai além das habilidades técnicas e da formação acadêmica.

Em um outro livro, defendi exatamente o uso das habilidades e competências – o QI e QE, para desenvolvimento de equipes. Nesse curto espaço de tempo, surgiu a competência QA – Quociente de Adversidade, ou seja, o chefe precisa ter a habilidade de lidar com as adversidades que surgem dentro de uma equipe.

Liderar exige que você deixe crenças do passado como chefe. Não há mais espaço a quem se intitula e dita: "eu sou o chefe e as regras são minhas" ou "o chefe aqui sou eu; manda quem pode e obedece quem tem juízo". Chefe assim, narcisista, com o ego prepotente, que vive soprando ao vento "sem mim esse departamento, equipe, empresa não andam" ficou no passado.

Não há uma empresa de visão moderna que tolere pessoas que se dizem insubstituíveis. Precisamos de líderes que inspirem a equipe a ser capaz e melhor, que perceba e desenvolva as habilidades e competências de cada membro da equipe, que perceba como andar lado a lado é muito mais produtivo e enriquecedor do que andar sozinho, na frente de uma fila sem sentido, ordem ou estratégia.

Em minhas andanças pelo mundo corporativo de diversos segmentos, do varejo de *fast-food*, até a multinacional do setor de tecnologia, passando por Fundações Governamentais de várias esferas, vejo muito essa postura de chefes controladores e centralizadores.

Hoje, como formadora de opinião, sou muito questionada e cobrada a apresentar soluções mágicas, para que obtenham equipes mais produtivas, envolvidas com tarefas e resultados. Ouço muito isso a seguinte frase (só muda uma palavra ou outra):

— Tenho os melhores em minha equipe, todos com formação acadêmica, mas é complicado. Muitos não têm postura, não desenvolvem processos que resultem em eficácia, produtividade, sucesso e comprometimento com os objetivos do departamento.

Ao questionar o tipo de liderança desenvolvida com a equipe, se "ombro a ombro", ou uma liderança do tipo "faça; não importa como e o que eu quero é resultado". Nem preciso dizer qual é a resposta mais comum, pois tenho certeza que você acertou: geralmente, é a segunda.

Vejo muito a questão que usei para intitular o meu texto. O líder não delega, porém "de larga" sua equipe. Cobra resultados e não fornece subsídios de espécie alguma. Não elogia, não reconhece e foca somente no negativo da equipe ou de algum membro. Reclama de prazos, dos custos, de seus superiores, do sistema, dos clientes, enfim, de tudo. Deseja resultados positivos para apresentar e quando não aparecem, culpa a equipe. De outra forma, se os resultados positivos surgem, toma para si os louros do sucesso, esquecendo-se da equipe.

Tenho certeza que cada um já teve, ou viu esse tipo de chefe. Sim, chefe. Líder tem outra postura e vive de acordo com um contexto completamente diferente.

Vocês já viram e ouviram muitos comparativos e posturas que norteiam a figura do chefe e do líder. Não é necessário mencioná-los. Em outra perspectiva, mostrarei como tive o privilégio de conquistar a liderança de equipes fantásticas, tanto em minha carreira corporativa, em empresas na área de marketing de varejista, como empresária na área de franquia de *fast-food*.

Certa vez, ouvi de um chefe:

— Líder nasce líder. Inclusive, a minha liderança é nata. Ou nasce com esse dom ou não, pois não se forma líder.

Na época muito jovem, eu estava sendo convidada por ele a liderar o departamento, pois ele identificou essa característica em mim. Lembro-me de ter pensado:

Que ótimo, que legal. A minha primeira promoção, o meu primeiro emprego, com apenas seis meses de empresa, com 13 anos e prestes a completar 14!

Alguém poderia dizer:

— Nossa, mas tão nova!

E sim. De fato, muito jovem, por necessidade. Fui emancipada por minha mãe, providenciei a carteira de trabalho e saí batendo de porta em porta. Na época, não pensei muito nessas características, mas logo tive contato com a proatividade. Passado algum tempo, perguntei ao chefe:

— Por que eu, se a empresa conta com pessoas muito mais antigas, que dominam a técnica dos processos?

A resposta dele vale ser compartilhada.

— Uma das características que admiro em você é a vontade e a humildade de aprender e fazer bem-feita qualquer tarefa. Gosto do respeito com que você trata a todos, desde a moça da faxina, os chefes, fornecedores, a mim e minha família.

Convencida a liderar, permaneci por alguns anos na empresa e aprendi muito. O primeiro aprendizado como líder foi o comportamento. A minha postura impactava tanto a equipe, os resultados da empresa, quanto as relações externas.

Questionada a revelar como eu conseguia produtividade acima das metas estabelecidas, uma equipe tão motivada, comprometida e que gerava tão bons resultados, eu devo ser muito sincera: naqueles dias, nem eu sabia como.

Hoje, entendo perfeitamente o que eu fazia: buscava entender que a maior ferramenta de trabalho se resume pelas pessoas e suas contribuições.

Nem a tecnologia e tampouco a estrutura física da empresa ou o programa de salário e os benefícios. No fim, as pessoas eram a solução.

Bem antes da maioridade, entendi, como líder, que é fundamental atingir as metas atribuídas pela diretoria e compreendi que, para isso, precisava das pessoas. Era necessário conhecê-las, saber dos seus sonhos de vida, objetivos, dores positivas e negativas. Conhecer as suas habilidades e competências, o perfil de cada membro. Outro passo crucial foi entender que o líder está na mesma linha da equipe. Ou seja, o fato de "estar" líder não o torna diferente dos demais.

O uso da técnica TBC

Anos mais tarde, já como empresária, desenvolvi o mesmo trabalho com a minha equipe. Apesar da posição de dona da empresa, e de contar com gerentes para liderar a equipe, usei uma das técnicas mais antigas e eficazes de liderança: TBC (tira a bunda da cadeira). Isso mesmo, você não leu errado. Coloquei-me na posição de aprendiz, com os meus gerentes e demais colaboradores, e entrei na operação como se fosse apenas uma iniciante.

Eu precisava liderar e gerir a empresa, mas, antes disso, deveria saber todo o funcionamento dela; cada membro da equipe, todos os processos, as pessoas, enfim, me envolver. Isso fez toda a diferença para a obtenção dos resultados positivos, tanto na operação do negócio como no desenvolvimento e envolvimento de toda a equipe.

Foi aí que entendi o outro lado de ser líder. A humildade de aprender, de descer para o chão e me colocar, ombro a ombro, com a equipe, trouxe inquestionáveis resultados. A nossa loja foi reconhecida pela franquia como a melhor da rede, por excelência em padrões e atendimento.

Como líder, eu delegava, acompanhava, orientava, sugeria, solicitava opiniões, praticava a escuta, não caminhava até o pedestal, aonde a primeira e última palavra seriam minhas. Quando um desafio de meta era lançado, reunia a equipe e o apresentava, para que todos tomassem conhecimento. Juntos, planejávamos as ações com cada membro. Da faxineira aos gerentes, todos eram ouvidos. Cada qual dava a opinião ou sugestões, quer fossem positivas ou negativas, e o mais interessante era ver e ouvir, inclusive, sugestões de mudança (dos próprios membros) sobre as tarefas de cada um, para que fosse atingida a meta imposta. Por isso, usavam com segurança as habilidades e competências.

Ficou claro que nem sempre uma equipe comprometida obtinha os melhores resultados, e uma equipe sólida precisa ser envolvida em todos os processos, tomadas de decisões, sugestões e críticas. É assim que cada pessoa se torna parte importante do processo.

Cabe ao líder gerar esse envolvimento, instigar, provocar cada um a fazer a entrega de seu potencial, mostrar as habilidades, competências e incentivar o uso dessas, em favor de toda a equipe e do projeto.

Criar um saudável ambiente de competitividade entre a equipe, motivar e desafiar o time, acaba por gerar o comprometimento de todos, o que facilita as metas e os desafios impostos pela empresa. Isso é reconhecer e dar mérito a toda equipe. Isso é liderar, em vez de chefiar.

A chamada Geração Y não aceita, como muitos de nós aceitávamos, a figura do chefe prepotente que dá ordens. São jovens que possuem o domínio da tecnologia, têm pressa, mudam muito rapidamente a linha de interesses e objetivos. São rápidos e fazem intercâmbio com outros países, como se fossem para a esquina do bairro. Dominam outros idiomas e vão atrás dos seus desafios e sonhos.

O desafio do líder contemporâneo é manter esse jovem talento envolvido, comprometido e motivado, trabalhar e desenvolver, na equipe heterogênea, o respeito e a igualdade entre as habilidades, competências e diversidades culturais.

O mundo corporativo busca identificar esse perfil de líder. Por isso, empresas têm investido em desenvolvimento de líderes que, por sua vez, investem em desenvolver suas equipes. Logo, vale deduzir que não basta ter a expertise técnica e acadêmica para liderar. São necessárias as habilidades de entender e lidar com as pessoas.

Em qualquer ambiente, teremos perfis com diferentes formações acadêmicas, crenças, valores, culturas e etnias. O grande desafio é desenvolver um ambiente de respeito mútuo e transformação das diferenças em convergências. Ou seja, temos muitas ferramentas para o desenvolvimento pessoal e das equipes que venhamos a liderar, desde que o equilíbrio norteie o caminho, até nos tornarmos líderes engajadores.

A importância da escuta e da comunicação

O uso contínuo do *feedback* é uma ferramenta vital para a equipe. Escolher bem a forma de falar e escutar, é crucial para o momento de realizar uma avaliação de desempenho dos membros da equipe, ou mesmo para a pesquisa de clima da empresa. Como líderes, devemos pensar que "não é o que se fala, mas como se fala" e "não é o que se faz, mas como se faz".

Normalmente, as falhas na comunicação ocorrem por percepções distintas: o que eu ouço, vejo, falo e sinto, é diferente do que você ouve, vê, fala e sente.

Logo, necessária se faz a compreensão do que queremos transmitir, e do que estamos recebendo. O cuidado com os aspectos culturais é muito importante para que se tenha uma equipe homogênea, pois cada pessoa tem uma capacidade de absorção.

O novo líder se preocupa com a linguagem, a compreensão que cada um tem sobre o que ele fala, pois sabe que respondem de formas distintas e, em razão disso, adota tal cuidado.

Para concluir, como líderes, devemos nos eximir de preconceitos e jamais fazer julgamentos sem saber dos fatos ou ouvir os envolvidos, até porque, nem sempre temos todas as informações. Cabe evitar visões estereotipadas, tratar cada membro da equipe como único e, por fim, é preciso controle emocional para apresentar as ideias e argumentos (de forma racional e não emocional). Lembre-se que cada um tem seus sentimentos, que podem ser agregadores ou limitantes a respeito de um assunto.

Como líder, tenha claro em mente: liderar equipes de alto desempenho, envolvidas, comprometidas com os processos e a empresa, requer postura muito bem sustentada pelos pilares: cultura da empresa – respeito – harmonia com o ambiente de convívio – comunicação eficaz – reconhecimento – valorização das habilidades e competências.

Não existe equipe ruim, mas liderança ruim. Portanto, líderes, convido-os a responder com sinceridade:

- Que tipo de líder eu tenho sido?
- Que exemplo de líder eu sou?
- O que a minha equipe espera de mim, como líder?

Para ajudar você a encontrar respostas, deixo uma reflexão que para mim, como líder, fez muita diferença e sentido.

"Conheça todas as teorias, domine todas as técnicas, mas ao tocar uma alma humana, seja apenas outra alma humana." – Carl Jung

Especialize-se em delegar, mas fuja do contexto "de largar". Por último, convido você a ingressar na liderança que demonstrei e fugir da jurássica chefia. Se não estiver fácil ingressar nessa transição chefe-líder, me procure e te ajudarei...

14

Liderar-se: o maior de todos os desafios

Como pode o gestor de pessoas liderar uma equipe se não consegue liderar a si? E como pode ajudar cada liderado a produzir melhor se não domina o autoconhecimento e nem é capaz de se ajudar? O maior de todos os desafios que um líder pode enfrentar é se conhecer. Eis o núcleo duro daquilo que vamos refletir neste capítulo: conhecer e aceitar quem você é, para que possa se tornar quem deseja ser

Tadeu Belfort

Tadeu Belfort

Mentor, *Master Coach* e Treinador Comportamental com mais de 20 anos de experiência no mundo organizacional, Tadeu Belfort realiza atendimentos – individuais ou em grupo – e treinamentos de alto impacto. É criador e *Master Trainer* do Instituto Alto Impacto, membro do *Master Coaches* Brasil e da Sociedade Contemporânea de Psicanálise. Administrador, Teólogo e Psicanalista, possui pós-graduação em Marketing, Gestão de Pessoas e Psicologia Positiva. *Head Trainer* formado pelo IFT (Instituto de Formação de Treinadores), *Trainer* em PNL e Neurossemântica certificado pela International Society of Neuro-semantics e *Master Trainer* internacional em Psicologia Positiva pela EUPPA. Possui formação em *Presence Coaching* com Dilts & Mors- EUA, *Generative Coaching*, pelo IACG, com Dilts & Gilligan e *The INNER Game of Life* com Timothy Gallwey. Com sólida formação em Comunicação Ericksoniana e Pensamento Sistêmico, é coautor dos livros: *Por que sou coach?*, *Ouse ir além* ambos pela Editora IBC e *Estratégias de alto impacto*, pela Editora Literare.

Contatos
www.institutoaltoimpacto.com.br
belfort13@hotmail.com
(85) 98802-0486

Já celebro, ao longo de mais de 20 anos como gestor de pessoas, mentor e *coach* de executivos, uma trajetória profissional que me permitiu perceber como tornou-se mais desafiante a atividade de liderar, dentro das organizações.

A era do conhecimento, marcada pelos temas globalização, Internet, inovações tecnológicas, além da imensa quantidade e velocidade das informações, impõe memoráveis desafios às pessoas e às organizações.

Dejours (1983), psiquiatra e psicanalista francês que estuda a relação do trabalho com o sofrimento mental, diz que o mesmo trabalho que é fonte de satisfação e prazer, pode ser também produtor de sofrimento e adoecimento psíquico, sobretudo quando é um labor rígido, repetitivo e frustrante, não dando ao sujeito possibilidade de transformação e aperfeiçoamento. Para ele, o trabalho seria um regulador social, fundamental para a subjetividade humana e, quando possibilita ao trabalhador uma estruturação positiva de sua personalidade pode, inclusive, aumentar a resistência aos desequilíbrios psíquicos e corporais.

Freud diz que o sofrimento provém de três fontes: o próprio corpo, o mundo externo e os relacionamentos. E aponta alguns modos existentes na própria vida em sociedade, para buscar a dita felicidade e evitar o sofrimento: drogas, fantasias, amor, trabalho, delírio, enfermidade neurótica e sublimação. Aqui pode-se voltar, então, à questão do trabalho como possibilidade de satisfazer, mesmo que parcialmente, as pulsões, seja pela via do próprio trabalho como fonte de prazer ou pela via da sublimação, que seria um caminho mais 'refinado' de encontro entre a pessoa e o trabalho, mas este, segundo o próprio Freud, acessível a poucos – artistas, artesãos, cientistas e inventores, entre outros.

A "saúde" do trabalhador está vinculada ao resultado de seu histórico de vida, de seus processos psíquicos, das vivências em família, do que ficou gravado em seu inconsciente, das relações interpessoais, do convívio em sociedade e de uma proposta de trabalho que coincida com seus sonhos e suas aspirações para construção do projeto de vida.

O ser humano é um sistema aberto e complexo. Cada ser traz consigo a individualidade, a unicidade da própria história, com alegrias e tristezas, realizações e frustrações, sucessos e insucessos. Cada indivíduo está inserido em um grande sistema com diversos elementos interdependentes, que interagem entre si. Nenhum ser humano ou organização é um sistema estático, fechado ao mundo exterior; e sim um sistema aberto, em constante troca nos mais diversos níveis.

"Em nossa trajetória não há nada fixo nem permanente. Tudo está fluindo e se transformando a todo instante. Tudo que nós pensamos, sentimos e fazemos influencia na teia da vida, assim como a teia da vida influencia em nós" - Ensinamento budista.

Ora, dentro dessa imensa complexidade, acredito que a maior de todas as pelejas que uma pessoa possa enfrentar é "se conhecer". O autoconhecimento talvez seja o maior de todos os desafios que um líder há de enfrentar. Em grande parte dos atendimentos de mentoria e *coaching* que realizo, é comum encontrar executivos que têm dificuldade para lidar com o outro, de entender os dramas e anseios de cada elemento da equipe, e isso acontece exatamente porque não conseguem entender os próprios dramas e anseios.

Muitas vezes, o caminho mais fácil a quem tem a responsabilidade de guiar uma equipe é impor, mandar, utilizando o poder que lhe foi dado por um cargo ou função. O chefe dá ordens e cobra resultados, afinal é para isso que lhe pagam. Cabe ao executivo fazer com que as atividades sejam executadas e os resultados gerados. O chefe dá o comando e o funcionário executa, numa relação simples, onde um manda e o outro obedece, embora o pensamento não encontre mais lugar na sociedade. Mas, ainda percebemos em muitos gestores resquícios desse pensamento. Eles lutam para manter a posição de "chefe" que ordena, determina e bate sobre a mesa. Os dias desses gestores estão se acabando e a era do chefe está chegando ao fim.

De acordo com Alan Bryman, professor de Pesquisa Social da Universidade de Leicester, Inglaterra: a liderança transformou-se no principal foco de atenção para uma variedade de escritores preocupados com as organizações, pois cada vez mais, cabe ao líder orientar, apoiar e despertar o melhor que cada um possui.

Segundo Hersey e Blanchard (1977), liderança é o processo de influência nas atividades de um indivíduo ou de um grupo nos esforços para realização de um objetivo, em determinada situação. A palavra "liderança" tem diferentes significados para diferentes pessoas. A maior parte das definições reflete a premissa de que a liderança envolve um processo de influência intencional, exercido por uma pessoa sobre outras, para estruturar atividades e relacionamentos em uma organização; além de estabelecer etapas e prazos detalhados para alcançar os resultados necessários, e depois alocar os recursos para isso.

Na definição de Daniel Motta, autor do livro *A liderança essencial*:

"O líder é, em princípio, uma pessoa que conhece bem a si mesmo antes de conhecer o mundo, a sua organização e as pessoas. O líder tem consciência de seus pontos fortes e fracos, e sabe tirar vantagem de suas condições positivas para compensar e melhorar suas características negativas. Na verdade, o líder se exprime verdadeiramente. É um indivíduo que luta para ser ele mesmo, testa suas próprias crenças e possibilidades, e descobre seus próprios caminhos e sua própria maneira de enfrentar e se adaptar à realidade. A autenticidade do líder, em sua maneira de ser, é o que o faz descobrir novos destinos e inspirar seguidores a perseguir um novo futuro."

É exatamente tomando como base: a) a definição de Motta sobre liderança; e b) toda a minha vivência dedicada a trabalhar no desenvolvimento de executivos e organizações, que vou apresentar, em detalhes, argumentos que visam colaborar com o futuro da liderança.

Entendo que desenvolver a capacidade de liderança é uma tarefa que exige do líder autoconhecimento, disciplina e desenvolvimento contínuo, mas o esforço faz toda a diferença no relacionamento entre ele e os liderados.

Como pode um gestor de pessoas liderar uma equipe, se não consegue liderar nem a si? Como pode um líder ajudar a cada um dos liderados a produzir o seu melhor, se não é capaz de ajudar nem a si? Como posso ser um líder, se não consigo praticar a autoliderança? E a mais importante indagação: como ter autoliderança sem autoconhecimento?

Reconhecer-se e aceitar-se é um dos mais poderosos passos para a verdadeira autoliderança. Reconhecer suas crenças, princípios e valores, honrar e respeitar a própria história, todas as experiências e aprendizados, abrir mão dos íntimos enganos, aceitar a realidade e acolher as imperfeições; tudo isso certamente será de extrema importância no processo de autoconhecimento e autoliderança.

"Somente quando temos a coragem de enfrentar as coisas tais como são, sem nenhum autoengano ou ilusão, que surgirá uma luz dos acontecimentos, pela qual o caminho do sucesso poderá ser reconhecido." I CHING

É muito provável que o maior de todos os desafios que um ser humano pode enfrentar seja o de liderar-se, comandar e coordenar a própria vida, a sua plenitude, a busca pela felicidade, independentemente de quem o segue ou a quem segue. O poder de liderar começa, então, pela compreensão do próprio saber ou da falta dele.

O autoconhecimento é uma realização individual, uma construção interior e intransferível. Não pode ser algo dado ou de alguma forma implantado, como um chip na mente. É a base para o desenvolvimento pessoal, para a competência emocional, o crescimento na carreira e a melhoria contínua dos resultados. É a pedra angular a quem deseja assumir a responsabilidade de liderar pessoas. Com a profundidade de um mergulho no autoconhecimento, emergimos para lidar com as limitações, os recursos e as possibilidades de melhores escolhas, até construir a competência e a autoestima, necessárias para o caminho do êxito.

O rumo do autoconhecimento nos pede tomada de consciência e mudanças internas, às vezes, dolorosas. O ser humano tem uma tendência natural a resistir e não aceitar o que o contraria e o que gera sofrimento. Geralmente, quando não aceitamos certas condições em que vivemos, procuramos nos esconder, ou então nos tornamos diferentes do que realmente somos, pensando que assim, o problema vai sumir. Na realidade, com esse tipo de atitude, apenas prolongamos a situação. Quanto mais resistimos, mais nos mantemos presos àquilo que tanto nos incomoda.

Existe uma frase de C. G. Jung, que resume de forma brilhante o processo de mudança: "O que você resiste, persiste".

Todo líder precisa ter consciência que não pode mudar os outros, mas somente a si. Somos responsáveis por tudo que nos ocorre, por nossos sentimentos e atitudes. Se quisermos modificar qualquer aspecto da nossa vida, devemos começar pela aceitação dessa premissa.

Aceitar não é desistir, tampouco resignar-se. É um ato de boa vontade, sabedoria e humildade; refere-se ao momento presente, ao agora. Aceitação é o primeiro grande passo para deixar a vida mais leve, alegre e equilibrada. Quando acontece, você se entrega ao próprio fluxo da vida e, com ele, novas ideias e alternativas aparecem, para sair do estado atual e chegar ao estado desejado.

Dependendo do que pensamos, falamos ou acreditamos, seremos suportes ou adversários da própria vida.

Logo, nada é mais valioso do que "sermos nós mesmos", do que expressar a opinião e a vontade diante de qualquer dificuldade. Cada SER humano é único e a primeira atitude a adotar é se aceitar, não se julgar, e nem se cobrar tanto. Afinal, imperfeitos, todos somos.

"Eu sei que há aspectos de quem eu sou que me confundem e outros que eu nem conheço, mas na medida em que eu for amistoso e amoroso comigo, poderei, corajosa e esperançosamente, procurar solução para as confusões e outras maneiras de me conhecer melhor. Eu posso me inventar e reinventar constantemente." Virgínia Satir.

Conhecer-se de forma profunda é o caminho mais sustentável para se transformar na pessoa que deseja ser. Durante o processo de *coaching* e mentoria, utilizamos um vasto conjunto de ferramentas para potencializar essas mudanças, mas as maiores transformações são geradas a partir da autodescoberta, dos *insights* que vão surgindo pela permissão de cada um, no sentido de dar o melhor de si, de entregar-se ao processo.

Realmente, é impressionante e gratificante presenciar mudanças incríveis que acontecem na vida das pessoas, quando elas têm coragem de mergulhar dentro de si, de aprender a honrar e respeitar a sua história e a história de todos os seus antepassados. Ao fazê-lo, construímos uma enorme ponte de crescimento emocional e espiritual para o futuro. Para tanto, precisamos aprender a perdoar o passado e entender algo: o que fez do ser humano quem ele se tornou hoje foi exatamente cada detalhe da sua história. Igualmente, ele passou por tudo o que deveria ter passado, para ser quem exatamente é.

O mundo passa por transformações que ocorrem em velocidade cada vez maior. No passado, empresas caracterizavam-se por comando e controle centralizados ou pela compartimentalização funcional. Na atualidade, elas têm estruturas menos verticalizadas e a gestão se tornou mais participativa.

Executivos de empresas sofrem pressão para adaptar o seu modo de agir às realidades do tempo atual, enquanto obtêm os resultados esperados pelos acionistas. Dirigentes de empresas não se mantêm em posições de mando, ao longo do tempo, se não forem aceitos, pelos seus comandados, como líderes autênticos; ou se os resultados alcançados durante a gestão ficarem sistematicamente aquém das expectativas projetadas.

Esta realidade tem feito um número crescente de executivos se interessarem por oportunidades de desenvolvimento, como indivíduos e profissionais, em busca de melhoria na aptidão para liderar e atingir objetivos da empresa. Por meio de sessões individuais ou em grupo, num processo de *coaching* executivo ou de mentoria estratégica, pode-se permitir que isso aconteça. Normalmente, esses processos são custeados e apoiados pelas empresas.

No trabalho de mentoria e *coaching*, busca-se desenvolver a visão sistêmica do cliente e expandir sua consciência, pela utilização de diversas técnicas e ferramentas. Desse modo, o cliente pode compreender que qualquer decisão tomada na vida pessoal ou na empresa afetará também outras áreas de sua vida.

Ao iniciar o movimento em busca do autoconhecimento, o líder torna-se mais apto a liderar-se e quanto mais autoliderança conquistar, maior será a sua capacidade de entender e liderar o outro. É um processo profundo e intenso que inicia dentro de cada um e reverbera em todos que fazem parte do seu sistema relacional.

A considerar essa liderança guiada pelo autoconhecimento e pela "aceitação de quem você de fato é", deixo a pergunta que só você pode responder: gostaria de ser mais um a fazer parte do fim da era chefe ou prefere fazer parte dessa nova liderança?